Kristina Offermann

111 Orte in Potsdam, die man gesehen haben muss

111

emons:

Bibliografische Information der Deutschen Nationalbibliothek
Die Deutsche Nationalbibliothek verzeichnet diese Publikation in der Deutschen Nationalbibliografie; detaillierte bibliografische Daten sind im Internet über http://dnb.d-nb.de abrufbar.

MIX
Papier | Fördert gute Waldnutzung
FSC® C043106

Covergestaltung: Karolin Meinert
Lektorat: Saskia Römer
Layout: Editorial Design & Artdirection, Conny Laue,
nach einem Konzept von Lübbeke | Naumann | Thoben
Kartografie: altancicek.design, www.altancicek.de
Kartenbasisinformationen aus Openstreetmap,
© OpenStreetMap-Mitwirkende, ODbL
Druck und Bindung: Grafisches Centrum Cuno, Calbe
Printed in Germany 2024
ISBN 978-3-7408-2264-4

Vorwort

Potsdam, du Schöne, du Traditionelle, du Preußen-Schloss-Metropole und Landeshauptstadt Brandenburgs, du Moderne und Überraschende, du Stadt zum Verlieben. Haben wir ein Match? Für dieses Buch durfte ich dich neu entdecken: Den historischen Stadtkern, die grünen Oasen, die kleinen und die großen Dinge, vom Wasser und den höchsten Dächern der Stadt. Der Ausblick auf dich hat mich umgehauen, nun ja, zum Glück nur beinahe. Da war ja noch das Buch zu schreiben.

In dir erblüht ein lilafarbenes Lavendel-Meer, du schenkst mir den Anblick flüssiger Schokolade, du erlaubst mir, den Landtagsabgeordneten aufs Dach zu steigen und mit einem umweltfreundlichen Hybridboot durch die Havelseenlandschaft zu schippern. Du hast ein ziemlich schräges Dach und ein Berlina Orijinal mitten in Babelsberg. Du … ach, du bist wunderbar. Vor lauter Zuneigung bekomme ich weiche Knie und gönne mir ein Päuschen auf den Stufen des Museums Barberini janz jechillt am Havelufer. Es ist ein Match, und ich wische nach rechts.

Da warten 111 Orte, die das Herz höherschlagen lassen.

111 Orte

1 Die 168 Gewächshäuser

Fruitlover Friedrich

Im Sommer auf, im Winter zu sind die 168 verglasten Nischen in den berühmten Weinbergterrassen unterhalb von Schloss Sanssouci. Hinter ihren Gläsern wachsen Feigen, und jeder Feigenbaum hat sein eigenes Gewächshaus, das ihn vor dem brandenburgischen Winter schützt. Bereits 1743 bestellte Friedrich II. Weinstöcke und Feigenbäume. Zwei Jahre später entstanden die kleinen Gewächshäuser in den bogenförmig nach innen geschwungenen Terrassenmauern. Diese Bauweise sorgt für eine optimale Ausnutzung der Sonneneinstrahlung. Nachts geben die Wände die Wärme ab. Top Lage. Top Bedingungen für den Anbau mediterraner Kulturpflanzen. Friedrich II. liebte seine vitaminreichen Superfoods, schon als Kind hatte er Interesse am Obstanbau.

Die »Feigenmauer« gab es zunächst nur an der unteren der sechs Terrassen. Auf den Etagen darüber wuchsen an den Wandflächen des Königs Lieblingsfrüchte: Kirschen sowie Aprikosen und Pfirsiche. In den kleinen, etwa drei mal drei Meter großen Gewächshäusern reiften ausgesuchte Tafeltrauben. Erst 1984 wurden im Rahmen der Sanierung der Anlage die drei Feigensorten an Bäumchen vermehrt und an allen Stufen in den verglasten Nischen angepflanzt. An den Mauern rankt nun Resedawein. Der Name »Weinberg« passt heute fast besser als damals.

Jeweils im Frühjahr und im Herbst öffnet und schließt das Gärtnerteam die vielen kleinen Kabinen mit ihren charakteristischen türkisblauen Sprossentüren aus Holz. Aus den zarten Feigenbäumchen sind über den Sommer dicke Büsche gewachsen, die frech aus den Gewächshäusern herausragen. Gegossen werden sie nicht. Was an Früchten da ist, wird aufgegessen. Im Winter erfolgt der Rückschnitt der Pflanzen, und die Gärtner schließen die kleinen Gewächshäuser bis zur nächsten Saison. Jahr für Jahr. Immer wieder. Und Friedrich der Große? Der schaut aus seiner Gruft auf der obersten Weinbergterrasse zu.

Adresse Maulbeerallee, 14469 Potsdam | ÖPNV Bus 614, 650, 695, 697, X15, Haltestelle Schloss Sanssouci | Öffnungszeiten täglich 6–20.30 Uhr | Tipp Was ist ein »Potsdamer«? Bier mit (roter) Fassbrause im Verhältnis 50:50. Die Kräuterlimonade erfand der Berliner Chemiker Ludwig Scholvien 1908 als Bierersatz für Kinder.

2 Der Adler-Gullydeckel

Guck mal links, guck mal rechts, guck mal runter

Yes! Da ist er. Die Freude, als ich über diesen Kanaldeckel stolpere, ist riesig. Er war nicht leicht zu finden, schließlich ist er einer von mehr als 17.500 Schachtabdeckungen im Potsdamer Stadtgebiet. Dazu kommen knapp 14.800 Regenwasserstraßeneinläufe. Generell gilt: Seit dem Ende des Zweiten Weltkriegs werden Gullydeckel meist mit Betonkern gefertigt. Das spart teures Material. Die Vollgussexemplare sind Besonderheiten und zeigen meist ein Stadtwappen. Doch hier stolpert man nicht über das Potsdamer Wappentier. Nanu? Es ist ein Märkischer Adler, dessen Ursprung im 12. Jahrhundert liegt. Otto I. führte wie auch sein Vater Albrecht der Bär und sein Sohn Otto II. ein Adlerschild mit nach rechts schauendem Tier.

Der Greifvogel ist in der Heraldik nach dem Löwen das häufigste Wappentier. Doch Adler ist nicht gleich Adler. Sie unterscheiden sich bei der Farbgestaltung, der Flügelhaltung oder der Anzahl der Köpfe. Und: Das Tier auf dem Schild sollte den Gegner anschauen. Da die alten Rittersleut den Schild meist in der linken Hand hielten, musste der Vogel also über seine rechte Schulter gucken. Beim Potsdamer Wappen ist es anders. Aber es stammt ja auch nicht aus der Zeit der Schwertkämpfe. Die heutige Gestaltung geht auf einen Entwurf des Grafikers und Malers Werner Nerlich aus dem Jahr 1956 zurück. Er lässt den Vogel nach links blicken.

Seit 1990 ist Potsdam Hauptstadt des Bundeslandes Brandenburg. Ab 1991 wurden die Adler-Gullydeckel mit märkischem Adler gesetzt. Nach der Norm EN 124 sind sie für eine maximale Belastung von 5 Tonnen ausgelegt, also für Verkehrsflächen, die von Fußgängern und Fahrradfahrern genutzt werden. Manchmal werden die Schachtabdeckungen bei Kanalarbeiten gegen neuere Exemplare ausgetauscht. Deshalb ist unklar, wie viele Adler es noch sind. Ein Exemplar ist ausgeflogen nach Berlin: Er befindet sich vor dem S-Bahnhof Lichterfelde Ost.

Adresse Hegelallee 51, 14467 Potsdam | ÖPNV Bus 609, 638, 692, Haltestelle Mauerstraße | Tipp Nach einem Gerichtsurteil von 1973 wurde »Made in Germany« für Exportware aufgeteilt in »Made in West Germany« und »Made in GDR«. Eine Schachtabdeckung in der Innenstadt trägt diese Inschrift. Wer findet sie?

3 Der ALDI-Bootsanleger

Festmachen und einkaufen

Nee, nee, da hat niemand frech die Einkaufswagen ans Wasser jeschoben. Dit is jewollt! Am Tiefensee gibt es die deutschlandweit einzige Aldi-Filiale mit einem eigenen Anleger. An den zwölf Bootsliegeplätzen unterhalb der Rampe können Freizeitkapitäne für maximal eine Stunde anlegen und den Proviant für die nächste Tour laden. Große und kleine Jollen machen an den Pollern fest. Kurze Zeit später schleppen voll bepackte Skipper ihre Einkäufe an Bord. Die Beutel – echte Kaventsmänner!

Potsdams Stadtgebiet hat eine Gesamtfläche von 188 Quadratkilometern, davon sind 20 Quadratkilometer Wasser. Damit liegt die Landeshauptstadt auf Platz vier der wasserreichsten Gemeinden Brandenburgs hinter Brandenburg an der Havel, Rheinsberg und Templin. Die Wasserlandschaft in Potsdam ist eine Mischung aus Flüssen, Seen und Kanälen und zieht sich über etwa 180 Kilometer. Bei Wassersportlern ist sie sehr beliebt. Wer hier langschippern möchte, braucht wie überall in Deutschland für Sportboote mit mehr als 15 PS einen Führerschein. Darunter geht es auch ohne.

Zurück an Land: Das Angebot des Discounters ist nicht besonders auf die Bedürfnisse der Skipper abgestimmt. Es ist das handelsübliche Sortiment, wie in anderen Filialen der Kette. Die Verkaufsfläche zieht sich vom Industriegebäude an der Straße über einen grünen Verbindungsbau bis zum denkmalgeschützten ehemaligen Fabrikgebäude mit Backsteinfassade. Hier wurden einst Kerzen in der Ostermannschen Lichterfabrik gezogen. Später befanden sich auf dem 5.000 Quadratmeter großen Gelände ein Kohlenhof und dann der VEB Textilreinigung.

Landratten können über den Parkplatz ans Wasser gehen und die schöne Aussicht zum Flatowturm am gegenüberliegenden Ufer des Tiefen Sees genießen. Auch nach Ladenschluss und sonntags geht das. Der Blick ist typisch Potsdam am Wasser – richtig klasse.

Adresse Berliner Straße 47–48, 14467 Potsdam | ÖPNV (für Nichtseefahrende) Tram 93, Mangerstraße | Öffnungszeiten ALDI Nord Filiale Mo – Sa 7–20 Uhr | Tipp Ahoj-Brause prickelt schon seit 1925 auf den Zungen großer und kleiner Fans. Das Pulver in Tütchen und Bonbons hat ALDI Nord immer wieder als Aktionsware im Angebot.

4 Am Alten Markt

Das Leben ist eine Baustelle

Hier ist ja mächtig was los! Die Scheiben splittern, als der Bagger Fenster für Fenster zwischen seine Greifer nimmt und langsam in Richtung Boden zieht. Das durchdringende Knirschen ist bis zum Platz der Einheit zu hören. Das schwere Gerät frisst sich weiter an der Fassade entlang. Ein Loch im Bauzaun gibt den Blick auf das Geschehen frei. Ein Vater mit seiner Tochter auf dem Fahrrad-Gepäckträger schiebt heran. Sie wollen auch mal gucken. »Oh!«, ruft das Kind. Krrrrrrr. Jetzt geht es dem nächsten Bauelement an den Kragen. Der zweigeschossige Sockelbau ist schon zur Hälfte verschwunden. Auch der Wohnriegel mit seinen fünf Etagen erlebt Veränderung. Jetzt, da dieses Buch gedruckt ist, sieht es in der Straße Am Alten Markt schon wieder anders aus. Der Staudenhof ist entkernt. Etwas Neues entsteht ab 2029: Im sogenannten Block V sollen Sozialwohnungen errichtet werden, in einem barrierefreien Gebäude mit besserer energetischer Bilanz. Es ist der Abschluss der städtebaulichen Neuordnung und Umsetzung des Leitbautenkonzepts an zentraler Stelle.

Die Gegend kann von einer wechselvollen Geschichte erzählen, vom Wandel, von Zerstörung und Aufbau: der Luftangriff auf Potsdam 1945, der Abriss der Reste des Stadtschlosses 1961 und die anschließende Neubebauung. Es entstanden das Institut für Lehrerbildung und der Staudenhof. Der Wohnblock wurde in den Jahren 1971 bis 1972 in industrieller Montagebauweise errichtet. Das Institut war 1974 fertiggestellt, ab 1991 wurde es von der Fachhochschule Potsdam genutzt. Inzwischen steht an seiner Stelle das neue Gebäude an der Ecke Anna-Zielenziger-Straße 1-3. Etwas Neues wächst hier, in diesem Fall etwas neues Altes: die Rekonstruktion der historischen Mitte der Stadt, ein Bürgerhaus nach altem Vorbild. Auf dem Dachfirst stehen drei Statuen. Vater und Tochter schauen an der pistaziengrünen Fassade zu ihnen hinauf.

Adresse Am Alten Markt, 14467 Potsdam | ÖPNV Tram 91, 92, 93, 96, 98, 99, Bus 604, 605, 614, 631, 638, 650, X15, Haltestelle Alter Markt/Landtag | Öffnungszeiten von außen immer zugänglich | Tipp Direkt gegenüber Am Alten Markt 3 befand sich das Fotoatelier der Familie Schatzmann. Das Wohnhaus und das gesamte Negativarchiv wurden 1945 zerstört.

5 Die Babylon-Berlin-Kulisse

Puppe, dit schenk ick dir

Es ist die achte und letzte Folge der ersten Staffel: Sommer 1929. Nach knapp zehn Minuten erscheint fast beiläufig die Heilandskirche am Port von Sacrow als sommerliches Ausflugsziel für Charlottes Freundin Greta und ihren Fritz. »Dit allet schenk ick dir«, tönt der im Sonnenschein des überdachten Arkadengangs. »Die Hütte ooch!« Soso. Wir reden über die Heilandskirche mit ihrem 20 Meter hohen Glockenturm und ihren mit gelblichrosa Backstein verkleideten Außenwänden. Auf einer Landzunge gelegen, sieht sie aus wie ein vor Anker liegendes Schiff.

Für zwei Filmminuten entfliehen die beiden dem Großstadttrubel. Eine Romanze beginnt am fröhlich schwappenden Ufer der Havel. Es endet nicht gut. Spoilerwarnung. Der Flirt entpuppt sich als Falle. Fritz ist nicht Fritz und Greta Mittel zum Zweck. Der SA-Offizier benutzt die ahnungslose junge Frau für ein Attentat auf ihren Arbeitgeber, den Regierungsrat August Bender.

Die 20er-Jahre-Erfolgsserie »Babylon Berlin« entsteht mehrheitlich im Studio Babelsberg in der »Neuen Berliner Straße«, einer der größten und modernsten Außenkulissen Europas auf einem 15.000 Quadratkilometer großen Gelände. Dort ist mit vier Straßenzügen und unterschiedlichen Architekturstilen baulich so ziemlich alles möglich. Die Drehorte außerhalb des Studiogeländes entwickelten sich zu Fan-Hot-Spots. So wird kein Geringeres als das Berliner Rote Rathaus zur »Roten Burg«, dem Polizeipräsidium am Alexanderplatz. Das ungenutzte Stadtbad Steglitz dient als Volksbad Wedding, in dem sich Charlotte und Greta für ein paar Groschen eine warme Wanne gönnen. Die Heilandskirche Sacrow ist die Potsdam-Location der Serie. Erbaut wurde sie 1844 durch den Hofarchitekten Ludwig Persius. Seit 1992 gehört das Gotteshaus zum UNESCO-Weltkulturerbe. Aber das kann der großzügige Serien-Fritz natürlich nicht wissen.

Adresse Fährstraße, 14469 Potsdam, www.heilandskirche-sacrow.de | ÖPNV Bus 697, Haltestelle Schloss Sacrow | Öffnungszeiten siehe Homepage, von außen immer zugänglich | Tipp Der Kriminalrat Ernst Gennat, Gründer der ersten »Mordkommission«, starb am 21. August 1939. Sein Grab ist auf dem Südwestkirchhof in Stahnsdorf.

6 Der Bäcker Lenz

Liebling der Locals

Wo kauft ihr eure Schrippen? Viele Frühstückshungrige in Potsdam und Werder versorgen sich seit Jahrzehnten bei Bäcker Lenz. Das Unternehmen wurde 1956 von Siegfried Lenz gegründet. Schon vier Jahre später zog er mit seiner Bäckerei und Konditorei nach Werder, wo der Familienbetrieb heute in dritter Generation von Bäckermeister Robert Lenz geführt wird. Mehr als 20 Jahre ist er schon dabei. Seit 2021 ist er der Chef am Ofen. In der Backstube wird auf »Hilfsmittelchen« verzichtet. Konservierungsstoffe, Geschmacksverstärker, Emulgatoren sowie künstliche Farbstoffe sind tabu. Es gibt keine Fertigmischungen für Brot und Brötchen. Stattdessen wird Natursauerteig täglich hergestellt. Bäcker Lenz setzt auf Qualität und Tradition. In der zentralen Produktion in Werder entstehen in Handarbeit die Backwaren für alle Filialen.

Eine befindet sich in dem kleinen Häuschen, das sich an einen repräsentativen Altbau schmiegt. Die markante grün-weiße Markise leuchtet schon von Weitem. In der Auslage lachen einen die Köstlichkeiten an. Klassiker sind dabei wie Mohnschecke und Apfel mit Decke. Wie von Oma. Dazu gesellen sich große runde Taler aus herrlich fluffigem Hefeteig. Sie sind gefächert aufgestapelt und haben obendrauf den namensgebenden Butter-Mehl-Zucker-Mix. Reichlich Zuckerguss darf nicht fehlen. Ihr ahnt es: Streuselschnecken. *Love it.* Die Leckerei und noch viel mehr gibt es auch in zentraler Lage in Potsdam am Marktwagen auf dem Bassinplatz. Um halb 7 geht es los, und wenn der Wagen leer ist, ist er leer. Das kann schon mal am Nachmittag sein. Der größte Andrang herrscht vor dem Wochenende. »Pro Tag gehen sehr, sehr viele Schnecken, Kuchenstücke, Brote und Brötchen über die Verkaufstresen«, verrät der Bäcker. Die Potsdamer lieben Lenz. Und der seine Kundschaft. »Weil sie gut und viel bei uns kaufen, können wir unsere Produktpreise bis jetzt tief halten.« *Nice.*

Adresse Unter den Linden 10, 14542 Werder (Havel) | ÖPNV Bus 607, 630, 631, 633, 634, 635, 641, E30, Haltestelle Werder (Havel), Post | Öffnungszeiten Mo–Fr 6–18 Uhr | Tipp Auch in den zwei Potsdamer Filialen in der Geschwister-Scholl-Straße 8 und Heinrich-Mann-Alle 47 findet ihr die viele Leckereien.

7 Die blau-weiße-Säule

Pfüati Gott, Elisabeth

Die fünf Meter hohe Säule im Marlygarten zieren 30 farbige Glasröhren. Blau und weiß. Hat aber nix mit den unweit kickenden Babelsberger Nulldreiern zu tun. Zweite Assoziation: Bayern. Richtig. Friedrich Wilhelm IV. gab das Kunstwerk in Auftrag als Geschenk für seine Frau Elisabeth Ludovika. Sie war die Tochter Maximilian I. Joseph und stammte aus dem Freistaat, damals Königreich. Die beiden heirateten, trotz unterschiedlicher Konfessionen. Die katholische Elisabeth weigerte sich zum Protestantismus zu konvertieren, und Friedrich Wilhelm IV. war als König Oberhaupt der Evangelischen Kirche in Preußen. Er schätzte seine Frau sehr, auch wegen ihrer Standhaftigkeit in jener Frage. Grund für ein Geschenk?

Der Baumeister und Architekt Ludwig Ferdinand Hesse partizipierte ab 1840 an vielen Projekten im Park Sanssouci, so am Bau der Friedenskirche. Die blau-weiße Glassäule entwarf er 1854. Die mundgeblasenen farbigen Glasröhren haben einen Durchmesser von etwa 30 Millimetern und eine Wandstärke von fünf Millimetern. Im Inneren sind sie hohl. Gefertigt wurden sie in der schlesischen Josephinen-Glashütte. Der Bildhauer Heinrich Berges gestaltete das vergoldete Zinkgussmodell, das sich oben auf der Säule befindet: Ein Kind füttert einen Papagei mit Trauben.

Das gläserne Kunstwerk begeisterte Friedrich Wilhelm IV. sehr – oder er war ein einfallsloser Schenker. Er ließ zwei weitere exakt gleiche Exemplare fertigen. Das eine überreichte er seiner Cousine Marie und ihrem Mann Maximilian II. Joseph. Es steht auf der Roseninsel im Starnberger See. Das andere schenkte der Monarch seiner Schwester, der russischen Zarin Alexandra Feodorowna. Es befindet sich im Kolonistsky Park in Sankt Petersburg. In Potsdam steht die markante blau-weiße Säule etwas versteckt im Grün. Funfact: Elisabeth Ludovika besaß einen Papagei, der wohl sogar in ihr Bett durfte. Na, servus.

Adresse Am Grünen Gitter, 14469 Potsdam | ÖPNV Tram 91, 94, Bus 605, 631, X5, Haltestelle Luisenplatz-Süd/Park Sanssouci | Öffnungszeiten täglich 6–20.30 Uhr | Tipp Etwas Zünftiges gefällig? In der Plantagenklause in Babelsberg gibt's a Brotzeit mit Obatzda und Leberkas. Schnitzel, Haxe & Co. stehen auch auf der Speisekarte.

8 Der Blinddarm der DDR

15 Meter von Mauer zu Mauer

Als hätte jemand den Zipfel abgeschnürt. Nur wenige Schritte waren es zwischen den Grenzanlagen: 15 Meter und damit die schmalste Stelle auf dem Gebiet der DDR. Die Wannseestraße, die im Potsdamer Nordosten zum östlichsten Teil des Stadtteils Klein Glienicke führt, war ein Nadelöhr, durch welches hindurch man die Exklave auf West-Berliner Gebiet erreichte. Das komplett vom Klassenfeind umgebene Gebiet wurde so zur »Sondersicherheitszone« oder anders gesagt: zum »Blinddarm der DDR«. Den Wurmfortsatz besiedelten 585 Personen. Zugang gab es nur mit Passierschein. Es ist das sozialistische Pendant zu unserem Ort 93. Wie kam es zu der ungewöhnlichen Grenzführung?

Zeitsprung. Kaiser Karl IV. ließ 1375 das Landbuch der Mark Brandenburg anlegen. Ein bedeutendes Schriftstück, in dem Zahlen und Daten über Kirchen, Ortschaften und Verwaltungsgliederung erfasst wurden. Im mittelalterlichen Mikrozensus fand Klein Glienicke erstmals Erwähnung. Der Name hat seinen Ursprung im Slawischen. In Glienicke steckt der Begriff *glina*, auf Deutsch »Lehm«. Die niedersorbischen »Glinki« sind »Lehmfelder«. Auf ihnen ließ es sich wohl gut bauen. Klein Glienicke wuchs: 137 Häuser im Dorf sowie acht Gebäude des Schlosses waren es 1900. Im gleichen Jahr begann in Babelsberg der Bau des Teltowkanals. Der Durchstich zwischen Griebnitzsee und Glienicker Lake trennte schließlich die Gemeinde Klein Glienicke in zwei Teile. Mit dem Groß-Berlin-Gesetz von 1920 wurde der nordöstliche Bereich eingemeindet, allerdings nicht komplett. Der alte Ortskern, obwohl nördlich des Kanals gelegen, verblieb im Kreis Teltow zusammen mit dem südwestlichen Teil der Gemeinde. So entstand während der deutschen Teilung der besondere Grenzverlauf zwischen West-Berlin und der DDR. Die letzte erfolgreiche Tunnelflucht fand 1973 in Klein Glienicke statt. Der Stollen war 19 Meter lang.

Adresse Wannseestraße/Am Böttcherberg, 14482 Potsdam | ÖPNV Bus 316, Haltestelle Schloss Glienicke | Tipp Sorry, ist nicht mehr Potsdam, sondern Berlin, aber trotzdem schön: die Loggia Alexandra am Böttcherberg. Durch die verglaste Fassade kann man rinn kieken.

9 Der blühende Luisenplatz

Guerilla Gardening XXL

Früh geht es los. Ele dreht den Hahn auf und beginnt die Blütenpracht am Luisenplatz zu wässern. Seit einigen Jahren unterstützt die Stadt Potsdam die Gartenarbeit der »Blumenfee«, wie sie liebevoll genannt wird. Finanzielle Mittel gibt es nicht. Die Pflanzen kauft die fleißige Gärtnerin von Spendengeldern und aus eigener Tasche. Aber der Wasseranschluss, den die Stadt spendierte, hilft auf dem etwa einen Hektar großen Areal sehr. Er bedeutet kein Eimerschleppen mehr, stattdessen geht es mit dem Schlauch von Staude zu Staude und Topf zu Topf. Wie viele Pflanzen es heute sind? Ungewiss. Viele Baumscheiben werden von der tatkräftigen Frau umsorgt. Zur allgemeinen Freude.

Der Begriff Guerilla Gardening leitet sich ab vom spanischen Wort »guerilla«, was »kleiner Krieg« bedeutet. Er bezeichnet neben dem engagierten Begrünen eine Form des politischen Protests. Die Pflanzenrevolution hat ihren Ursprung im New York der 1970er Jahre. Stark gestiegene Mieten verwandelten ganze Stadtteile in Geisterviertel, heruntergekommene Grundstücke prägten das Bild. Die Bewohner begannen mit der illegalen Verschönerung dieser Flächen. Mittlerweile hat sich Guerilla Gardening zu urbanem Gärtnern gewandelt. Triste Innenstädte und brach liegende Flächen werden bepflanzt. Klingt gut? Ja, aber … »wildes« Gärtnern ist nicht erlaubt, weil das Bepflanzen der Zustimmung des Grundstückseigentümers bedarf. Es ist sogar eine Straftat. Dennoch begrüßen vielerorts die Kommunen angesichts leerer Kassen die Initiativen, solange ein paar Aspekte beachtet werden. Am besten sind heimische Pflanzen und ungiftig sollten sie sein. Das Grün sollte weder den Verkehr behindern, indem es Verkehrszeichen oder Ampelanlagen verdeckt, noch Pflastersteine oder Gehwegplatten anheben. Stolpergefahr. Das Wichtigste allerding ist: Sich drum kümmern! Das macht Ele mit großer Leidenschaft Tag für Tag, viele Stunden.

Adresse Luisenplatz, 14471 Potsdam | **ÖPNV** Tram 91, 94, Bus 605, 631, X5, Haltestelle Luisenplatz-Süd/Park Sanssouci | **Tipp** Von Blumen zu Bienen: Direkt am königlichen Park in der Ribbeckstraße verkauft Imker Eberhard Bergner den Honig seiner fleißigen Völkchen.

10 Der Boulevard des Films

Spur der Granitplatten

And the winner is ... mit 55 grauen Steintafeln im Pflaster der Brandenburger Straße wird die langjährige Verbindung von Stadt und Filmbranche geehrt. Potsdam + Film = Erfolg. Eine Gleichung, die seit mehr als einhundert Jahren aufgeht, seit der Gründung des Studios Babelsberg im Jahr 1912. Ausgezeichnet werden große Streifen, dabei geht es um Potsdamer Filmgeschichte, den Ort oder das Werk. Der Film steht im Mittelpunkt. Das ist der Unterschied zu den bekannten Vorbildern: Auf dem Hollywood »Walk of Fame« stehen Personen aus verschiedenen künstlerischen Kategorien im Rampenlicht. Sie bekommen die berühmten Sterne verliehen. Die deutsche Variante ist der »Boulevard der Stars« in Berlin, der zur Berlinale 2010 ins Leben gerufen wurde. Insgesamt 105 Prominente aus Film und Fernsehen sind dort ausgezeichnet. Seit 2014 hat der Regisseur Andreas Dresen einen Stern in Berlin. Glückwunsch. Mit seinem Film »Halt auf freier Strecke« (2011) liefert er auch einen Beitrag zum »Boulevard des Films«. Begründung: gesellschaftliche Relevanz. Läuft bei ihm.

Der Potsdamer Ruhmesweg verzichtet auf Sterne und setzt auf Granitplatten. Darauf sind ein schwarzer Filmstreifen sowie Titel und Veröffentlichungsjahr des Werks zu sehen. Es ist der Siegerentwurf eines Wettbewerbs – nach Fristverlängerung. Denn dem ursprünglichen Aufruf waren nicht viele Potsdamer gefolgt. Es gab genau einen Vorschlag. Und das in der Stadt, die als erste in Deutschland den Titel »UNESCO Creativ City of Film« trägt ... schließlich hat es im zweiten Anlauf doch noch geklappt und die Gestaltung, die zu ehrenden Titel und der Ort standen fest. Das Boulevard-Projekt entsteht im Rahmen der Komplettsanierung der Brandenburger Straße in den kommenden Jahren. Immerhin kann man schon filmreif über »Die Feuerzangenbowle« und die »Bridge of Spies« in den Sonnenuntergang schlendern. *To be continued* ...

Adresse Brandenburger Straße, 14467 Potsdam | ÖPNV Tram 92, 96, Haltestelle Brandenburger Straße | Tipp Das Porzellan-Glockenspiel der Spieluhr am Ende der Brandenburger Straße spielt zu jeder vollen Stunde eine Strophe des Liedes »Im Frühling« von Johannes R. Becher und Hanns Eisler.

11 Die Brandenburger Sonnenuhr

Zur richtigen Zeit am richtigen Ort

»Mach es wie die Sonnenuhr, zähl die heit'ren Stunden nur.« Der beliebte Poesiealbumspruch wird Realität auf der Festwiese am östlichen Ende der Schlaatzer Welle. Eine schräge Säule ragt gen Himmel, umgeben ist sie von einem Halbkreis aus zwölf Feldsteinen. Sie liegen in einem Abstand von etwa einem Meter und markieren die halben Stunden der Sonnenuhr. Seit 2001 zeigt das begehbare Kunstwerk die WOZ an. WOZ? Das Akronym bezeichnet die wahre Ortszeit und markiert hier den Ort des höchsten Sonnenstandes. 12 UHR WOZ. So steht es auf der Granitstele. High Noon. Tatsächlich unterscheidet sich die WOZ der Brandenburger Sonnenuhr um sieben Minuten und 36 Sekunden von der Mitteleuropäischen Zeit (MEZ). Gut zu wissen, um Verabredungs-Chaos zu vermeiden.

Sonnenuhren gibt es seit der Antike. Damals war die zweidimensionale Abbildung mittels eines vertikalen Stabs üblich. Seine Spitze erzeugt einen punktförmigen Schatten. Ein linienförmiger Schatten entsteht durch einen Polstab, um dessen Befestigungspunkt der Schatten während des Tages wandert. Der Winkel zwischen Polstab und Bodenfläche ist wichtig. Bei der großen Brandenburger Sonnenuhr ist er nach den geografischen Koordinaten des Schlaatz berechnet.

Meist kleiner, aber häufiger vorkommend, sind Vertikalsonnenuhren mit einem Zifferblatt auf einer senkrechten Hauswand. Sinnsprüche und Inschriften wie *carpe diem* sind populär. Und so leitet sich der Poesiealbumspruch tatsächlich ab vom lateinischen *horas non numero nisi serenas,* wörtlich: »Die Stunden zähle ich nicht, wenn sie nicht heiter sind.« Nun, und was, wenn es bewölkt ist? Da hilft eine andere Albumweisheit: »Gibt dir das Leben einen Puff, dann weine keine Träne, lach dir 'nen Ast und setz dich druff und baumle mit de Beene.«

Adresse vor dem Bürgerhaus, Schilfhof 28, 14478 Potsdam | **ÖPNV** Tram 91, 92, 93, 96, Bus 602, 693, Haltestelle Magnus-Zeller-Platz | **Öffnungszeiten** immer zugänglich | **Tipp** Eine hübsche Klassik-Variante einer Sonnenuhr befindet sich an der Hauswand über dem Eingang der Villa in der Virchowstraße 15 am Griebnitzsee.

12 Das Brandenburger Tor

Kleines großes Vorbild

Hell ragt es in den blauen Himmel: das Brandenburger Tor am Luisenplatz mitten in der Innenstadt. Brandenburger Tor? Steht das nicht in Berlin? Ja und ja. Doch dieses hier in Potsdam war zuerst da. Es ist fast 20 Jahre älter als sein Namensvetter, das weltberühmte Wahrzeichen in der Bundeshauptstadt. Friedrich Wilhelm II. ließ den imposanten Bau 1789 bis 1793 am heutigen Pariser Platz errichten.

Zurück nach Potsdam. Dort beauftragte – na wer wohl? – den Bau des dortigen Brandenburger Tores. Genau. Friedrich II. ließ den majestätischen Triumphbogen als Zeichen seines Sieges im Siebenjährigen Krieg errichten. Das Baujahr steht in großen Lettern drauf: MDCCLXX, für alle Nicht-Asterix-Leser: 1770. Das Tor ist ein kompakter Bau mit etwa zwölf Meter Breite, der fast so tief wie hoch ist. Wer auf der sogenannten Feldseite an den vier korinthischen Doppelsäulen hochschaut, muss den Kopf ganz schön in den Nacken legen. Zur Belohnung schauen dem Betrachter zwei Ruhmesgöttinnen auf den Kopf. Sie blasen Posaunen. Dazwischen prangen Friedrichs Initialen: FR – Fridericus Rex. Seit der Komplettsanierung des Tores 2018 sind die Buchstaben sowie die umrahmenden antiken Zeichen des Sieges Lorbeerzweig (Caesar lässt grüßen) und Palmzweig vergoldet, so wie es früher war. Zudem erhöht die goldene Farbe die Lesbarkeit.

Auf der Stadtseite in Richtung Brandenburger Straße sieht das Tor komplett anders aus. Nanu? Der Grund: zwei Architekten. Carl von Gontard gestaltete die Fassade mit einer eher geradlinigen, schlichten Aufteilung, aufgelockert durch korinthisierende Mauerblenden. Sein Schüler Georg Christian Unger zeichnet sich für die Feldseite zum späteren Luisenplatz hin verantwortlich. Ein freistehendes Bauwerk wurde das Tor mit dem Abriss der Stadtmauer zum Ende des 19. Jahrhunderts. Heute leuchtet es in seiner nachweislich ersten Farbfassung. Hell. Strahlend. Schön.

Adresse Luisenplatz, 14471 Potsdam | ÖPNV Tram 91, 94, Bus 605, 631, X5, Haltestelle Luisenplatz-Süd/Park Sanssouci | Tipp Im KPM-Outlet in der Brandenburger Straße gibt es königliche Coffee-to-go-Becher für alle Heißgetränkeliebhaber und Friedrich-Fans.

13 Das Carillon

Schweres Instrument mit schwerem Erbe

Auf der Plantage in der Innenstadt steht ein hohes Stahlgerüst mit 40 schweren Glocken. Die größte wiegt 1,9 Tonnen. Es ist ein Nachbau des holländischen Carillons aus dem 90 Meter hohen Glockenturm der Garnisonkirche, die 1945 zerstört wurde. Das Spiel erklang zu jeder vollen Stunde und war weithin hörbar. Sowohl das Original von 1735 als auch die Replik von 1991.

Ein Carillon besteht aus verschieden großen Glocken, die mit einer Klaviatur oder einer ähnlichen Anordnung von Holzstöcken gespielt werden. Der mechanische Spieltisch ist über Zugdrähte mit federnd gelagerten Hämmern verbunden, die an den Außenseiten der Glocken angebracht sind. Für das Anschlagen der Glocken ist viel Kraft erforderlich. Deshalb wird das Carillon ungewöhnlich gespielt: mit den Fäusten. Der Carilloneur schlägt auf die »Tasten«, die hier Stöcke heißen. Mindestens 23 Bronzeglocken muss ein Carillon haben, die aufeinander abgestimmt sind. Knapp 50 Carillons gibt es in Deutschland, die meisten befinden sich in Kirchen. In Brandenburg ist das Potsdamer Glockenspiel das einzige.

Bereits zum Zeitpunkt der Schenkung durch den Ex-Oberstleutnant der Bundeswehr Max Klaar Anfang der 1990er war das Carillon umstritten wegen seiner Abbildungen und Widmungen auf dem Geläut. Dennoch ging es in Betrieb. Nach anhaltenden Protesten wegen der rechtslastigen Inschriften wurde es schließlich 2019 abgestellt. Auf einer der Glocken steht der lateinische Spruch *suum cuique*, auf Deutsch: »Jedem das Seine«. Es ist der Leitspruch, den die Nationalsozialisten am Haupttor des Konzentrationslagers Buchenwald anbrachten. Andere Inschriften sind Wehrmachtsverbänden gewidmet. Dennoch: Das Carillon wurde 2021 in die Denkmalliste des Landes Brandenburg eingetragen. Damit ist der Eigentümer, die Stadt Potsdam, verspflichtet, den Erhalt des Objekts sicherzustellen.

Adresse Dortustraße 32, 14467 Potsdam | ÖPNV Tram 91, 94, Haltestelle Dortustraße, Bus 695, Haltestelle Naturkundemuseum | Öffnungszeiten immer zugänglich | Tipp Was oben auf dem Kirchturm winzig erscheint, ist auf der Erde ganz schön mächtig: Das 1,5 Tonnen schwere Wetterkreuz der Garnisonkirche steht auf dem Gehsteig in der Breiten Straße.

14_Das Depot der Straßenreinigung

Bio-Bananen, wo die Kehrmaschinen standen

Der rote Klinkerbau am Rande des Holländischen Viertels ist ein besonderer Ort für einen Supermarkt. Das Eckhaus mit dem L-förmigen Grundriss ist dem Expressionismus zuzuordnen und steht unter Denkmalschutz. 1929 bis 1931 wurde es nach Plänen des Stadtbaurates Karl Fischer errichtet und 1932 vom Stadtarchitekten Reinhold Mohr erweitert. Sein Zweck: Es war das Depot der Städtischen Straßenreinigung und Müllabfuhr. Mmmh, lecker. Da entsteht Kopfkino. Heute ist es die Potsdamer Filiale der Supermarkt-Kette »Alnatura«. Auf 630 Quadratmetern Verkaufsfläche gibt es von Amaranth-Waffeln bis Zahnputztabletten alles, was das Bio-Herz begehrt.

Der Expressionismus ist ein Architekturstil, der sich nach dem Ersten Weltkrieg bis Ende der 1920er Jahre fast ausschließlich in Deutschland entwickelte. Eine besondere Strömung war der Klinkerexpressionismus. Er entstand parallel zur sachlichen Architektur des Bauhauses, die für die Abschaffung jeglicher Zierformen eintrat. Die Vertreter des Expressionismus entwickelten eine Formsprache mit kantigen, oft spitzen Elementen. Dies sollte die Dynamik der Zeit ausdrücken. Klinker war wegen seiner Robustheit und der charakteristischen rauen Oberfläche ideal. Die Farbpalette reicht von Braun über Rot bis Violett. Zu Mustern gesetzt, entstand durch die unterschiedlichen Töne eine lebendige Fassade. Ergänzt wurden die Fassadenformen durch Bauplastiken, wie die Engelsfiguren an allen vier Ecken des dreigeschossigen Turms. Ob sie wohl duft(ig)e Geschichten auf Lager haben? Fakt ist, von 2015 bis 2018 wurde das ansonsten eingeschossige Gebäude restauriert. Die Deckenhöhe und die schmalen hohen Fenster lassen die Nutzung als Fahrzeughalle in den 1930er Jahren erahnen.

Adresse Hebbelstraße 1d, 14467 Potsdam | **ÖPNV** Tram 92, 96, Haltestelle Nauener Tor, Tram 93, 94, 99, Haltestelle Holzmarktstraße | **Öffnungszeiten** von außen jederzeit zugänglich, Alnatura Bio-Supermarkt Mo–Sa 8–20 Uhr | **Tipp** Auf dem Wochenmarkt auf dem Bassinplatz gibt es Leckeres aus der Region und frische Blumen (Mo–Fr 7–16 Uhr, Sa bis 13 Uhr).

15 Die Drachenbootheimat

Kopf an Kopf auf der Havel

Zehn Personen müsst ihr mindestens sein, 20 passen maximal rein. Dann kann der Spaß auf der Havel in einem der 12,5 Meter langen Drachenboote losgehen. Im Takt eines Trommlers werden die Stechpaddel geschwungen. Synchronität ist gefragt, aber auch Teamgeist und Ausdauer. Dann gleitet das auffällige bunte Boot aus glasfaserverstärktem Kunststoff über das Wasser. Etwa 250 Kilogramm schwer ist so ein »Wasserdrache«. Dazu kommen der mit Bootslack handbemalte Kopf und der Schwanz. Pimpen lässt sich das Ungeheuer noch mit Drachenbart und Fühlern. Toll sehen sie aus.

Die Tradition der langen Paddelboote stammt aus China. Vor mehr als 2000 Jahren eilten Fischer zur Rettung des Dichters Qu Yuan mit ihren Booten auf den Fluss hinaus. Sie glaubten, durch wildes Trommeln gefräßige Fische und böse Geister fernzuhalten. Leider war ihr Einsatz vergeblich. Der Dichter ertrank. Seitdem finden zu seinem Gedenken Drachenboot-Rennen statt.

Drachenbootfahren ist fester Bestandteil des Kanusports. Der Deutsche Drachenboot Verband (DDV) hat mehr als 50 Mitglieder-Vereine in fast allen Bundesländern. In Brandenburg sind es sechs, dazu zählen die PDV-Dragons des Potsdamer Drachenbootvereins 2009 e.V. Seit der Gründung haben sie bei der Entwicklung des Drachenbootsports entscheidend mitgewirkt und betreiben Kooperationen mit vier Schulen in Potsdam. Für Nachwuchs ist also gesorgt. Die DDV-Nationalmannschaft bereitet sich unterdessen auf den nächsten internationalen Wettkampf vor. Im Sommer 2025 findet die Drachenboot-WM auf dem Brandenburgischen Beetzsee statt.

Neugierig geworden? Drachenbootfahren ist ein toller Teamevent. Wer sich in Potsdam auf die 8,5 Kilometer lange Runde durch die Havelbucht macht, ist etwa anderthalb Stunden unterwegs. Auf der Wannseeinseltour umrundet man in drei Stunden die große Insel. Spannend wird es, wenn die Boote gegeneinander antreten.

Adresse Berliner Straße 67, 14467 Potsdam, www.drachenboot-potsdam.de | ÖPNV Tram 93, Haltestelle Glienicker Brücke | Öffnungszeiten Infos zu Touren und Preisen siehe Homepage | Tipp Eine Dauerausstellung zur Geschichte der Glienicker Brücke sowie temporäre Ausstellungen zeitgenössischer Kunst gibt es in der Villa Schöningen in der Berliner Straße 86.

16 Der Ein-Personen-Bunker

Schutz für den Personenschutz

Da steht sie, die kleine, grün bewachsene Tonne mit spitzem Dach im Vorgarten der schnieken Villa Lettermann am Griebnitzsee. Mit einem Durchmesser von etwa 1,5 Metern und einer Höhe von etwa zwei Metern passt in die Splitterschutzzelle genau eine Person. Während des Zweiten Weltkriegs sollten die Mini-Bunker Schutz vor Bombensplittern und leichtem Beschuss in der näheren Umgebung bieten. Sie kamen überall dort zum Einsatz, wo einzelne Personen an ihrem Arbeitsplatz keinen geeigneten Schutzraum erreichen konnten: an Bahnanlagen, auf Freiflächen, in der Nähe öffentlicher Einrichtungen. Zehntausende Splitterschutzzellen wurden im gesamten Deutschen Reich aufgestellt.

Die ersten Ein-Personen-Bunker waren Stahlkabinen. Im Laufe des Krieges wurde das Metall für andere Zwecke gebraucht und die kleinen Einzelschutzräume komplett aus Beton gefertigt. Der Korpus war mit ein bis zwei kleinen, verriegelbaren Einstiegsluken ausgestattet, drei bis sechs Sehschlitze sorgten für eine 360-Grad Rundumsicht. Zusätzliche Mauern oder das teilweise Eingraben verhinderten, dass die Zellen durch Explosionsdruckwellen umgeworfen werden konnten. Mit einem Haken oben an der Dachspitze wurde der Ein-Personen-Bunker an seinen Bestimmungsort gesetzt. Dies konnte auch auf einem Fabrikdach sein.

Während des Zweiten Weltkriegs bewohnte der Nationalsozialist Werner Naumann die Villa in Neubabelsberg. Naumann trat bereits 1928 in die NSDAP und die SA ein und gelangte innerhalb von sechs Jahren in eine hohe Führungsposition. 1938 wurde er persönlicher Referent von Reichspropagandaminister Joseph Goebbels und trat 1940 der Waffen-SS bei. Als ranghoher Parteifunktionär genoss er Personenschutz, und so war der Ein-Personen-Bunker für den Wachposten an seiner Toreinfahrt bestimmt. Das ungewöhnliche Relikt aus dem Zweiten Weltkrieg steht unter Denkmalschutz.

Adresse Karl-Marx-Straße 24, 14483 Potsdam | ÖPNV Bus 616, Haltestelle Karl-Marx-Straße/ Beringstraße | Öffnungszeiten immer zugänglich | Tipp Die Villa Urbig in der Virchowstraße 23 ist ein Entwurf des einstigen Bauhaus-Direktors Ludwig Mies van der Rohe.

17 Das Einsteinhaus

Popstar der Physik

Schon zu Lebzeiten war Albert Einstein eine Berühmtheit. Spätestens als er 1921 den Nobelpreis für Physik erhielt und ein auf dem Telegrafenberg entstehendes Sonnenobservatorium nach ihm benannt wurde. Mit Hilfe der Messinstrumente im etwa 20 Meter hohen avantgardistischen Turm wollte er seine Relativitätstheorie beweisen. Es glückte nicht. Dem Starkult um den Physiker tat es keinen Abbruch. In seiner Berliner Wohnung wurde er regelrecht belagert. Auf der Straße gab es Kreischalarm – okay, nicht ganz, aber die Bekanntheit war auf Dauer nervig. Die Einsteins wollten dem Großstadttrubel und dem Fanrummel entfliehen.

Das zweigeschossige Sommerhaus in Caputh ist ein Entwurf des jungen Architekten Konrad Wachsmann. In nur sechs Wochen Bauzeit wurde es 1929 errichtet. Kein Wunder: Es war ein Fertighaus der Christoph & Unmack AG in Niesky, vermutlich das erste in Deutschland. Die Spezialität der Firma: Holzhäuser aus vorproduzierten Bauelementen, aufgebaut in einer Halle, dann demontiert und am jeweiligen Standort wieder aufgestellt. Es entstand ein modernes Gebäude aus Oregon Oak, einer nordamerikanischen Eichenart. Hier zog die Patchwork-Familie Einstein ein: Albert, seine Cousine und zweite Ehefrau Elsa sowie deren Töchter aus erster Ehe. Ein Dienstmädchen bekam ein eigenes kleines Zimmer auf der gleichen Etage wie die jungen Frauen. Sehr fortschrittlich. Auf Augenhöhe. Es passte zu Einstein und seiner weltoffenen Art.

Die Warnung eines guten Freundes erreichte Einstein 1933 von einer Amerikareise kommend in Antwerpen: Er werde gesucht wegen eines angeblichen Waffenlagers in seinem Sommerhaus. Daraufhin kehrte der Physiker nie mehr nach Caputh zurück. Testamentarisch verfügte er, dass das Haus keinen musealen Charakter erhalten soll. Im ehemaligen Wohnzimmer tagte 2012 das schwedische Nobelkomitee für die Vergabe des Physiknobelpreises.

Adresse Am Waldrand 15-17, 14548 Caputh, www.einsteinsommerhaus.de | ÖPNV Bus 607, Haltestelle Caputh, Schumannstraße | Öffnungszeiten April–Okt., Sa, So und Feiertage 10–18 Uhr, selbst erkunden oder stündliche Führung | Tipp Den etwa 20 Meter hohen Einsteinturm auf dem Telegrafenberg entwarf der Architekt Erich Mendelsohn. Das futuristische Bauwerk wirkt immer noch supermodern.

18 Die Eisenbahnbrücke

Blick auf die Skyline der Havelbucht

Die Planitzbrücke überspannt die Neustädter Havelbucht und ist für Fußgänger über Treppen passierbar. Wer auf der Eisenbahnbrücke die Aussicht genießt, ist also keinesfalls illegal unterwegs. Hach, diese Aussicht. Auf der einen Seite erstreckt sich das Ufer an der Havelbucht mit seinen Hochhaustürmen, der Seerose und dem Dampfmaschinenhaus. Auf der anderen Seite ist es grün: Dort liegt die Nordspitze der Halbinsel Hermannswerder. Urban oder naturbetont. Kannste beides haben. Eine 180-Grad-Drehung um die eigene Achse machts möglich.

Über die Brückenverbindung führt die Bahnstrecke Berlin-Potsdam-Magdeburg. Bereits im Jahr 1846 wurde die erste Brücke errichtet. Um die Breite der Neustädter Havelbucht zu verringern, wurde der Untere Planitz verbreitert und ein bis zu 90 Meter mächtiger und zehn Meter hoher Damm errichtet. Mitte der 1950er Jahre erfolgte ein kompletter Neubau der Brücke. Die heutige 485 Tonnen schwere Stahlkonstruktion wurde 1995 installiert. Mehrere Regionalbahnen passieren die Strecke jede Stunde: RB 20, 21, 22, 23 und 33 sowie der RE 1. Wenn ein Zug vorbeidonnert, wackelt's. Über die Potsdamer Havel und deren unmittelbare Nebengewässer führen insgesamt 20 Brücken.

Der Weg zur Eisenbahnbrücke ist etwas tricky. Von der Straße Auf dem Kiewitt zweigt ein kleiner Pfad ab. Er führt zwischen Bucht und Gleisen vorbei und sieht nicht ganz so einladend aus. Musste durch. Danach ist es easy. Es geht unter der Brücke hinweg und die Treppe hoch – und schwupps präsentiert sich die wunderbare Aussicht. Besonders in den Abendstunden ist es hier oben schön. Dann taucht die tief stehende Sonne die hellen Fassaden der Hochhäuser in ein tolles Licht. Auf der anderen Seite der Brücke führen Stufen wieder hinunter. Zeit für einen Spaziergang: Über die hölzerne Fußgängerbrücke Untere Planitz geht es in Richtung Norden am Wasser entlang oder nach Westen bis zum Lustgarten.

Adresse Auf dem Kiewitt, 14471 Potsdam | ÖPNV Tram 91, 94, 98, Bus 605, Haltestelle Auf dem Kiewitt | Öffnungszeiten immer zugänglich | Tipp Das Insellokal »Alter Tornow« auf Hermannswerder gibt es seit 1935. Im Sommer jenießt man sein kühlet Blondet im Jarten. Unbedingt probieren: Werderaner Kirschbier.

19 Die Eisfrau

Schlecken und zuschauen

Im Eislabor darf man Andrea Lisboa auf die Finder gucken. Hinter der großen Scheibe der Eismanufaktur »Die Eisfrau« in Potsdam-Ost steht die Inhaberin und mischt Eis. Mit Chemie hat das aber nichts zu tun. Im Gegenteil. Nur beste Zutaten werden für die kalte Köstlichkeit verwendet. Milch, Zucker und Kuvertüre in 2-Euro-großen Stücken kommen in die Eismaschine. Erst wird erhitzt. Ja, genau. Das Schokoladeneis wird bei 98 Grad Celsius gekocht. Nicht bei allen Eissorten ist das so. Im zweiten Schritt wird gekühlt. Nach etwa 15 Minuten frieren und rühren ist es fertig.

Produziert wird täglich. Etwa gleich viele Sorbets und Milcheissorten stehen auf der kühlen Karte: von Aprikose über Birne-Ingwer bis Mandel und Weiße-Schokolade-Cranberries, dazu Klassiker wie Erdbeere, Pistazie und eben Schokolade. Mmmh. Ein ganz besonderes Vergnügen ist das Milchreiseis mit kleinen feinen Reiskörnern, die man im Mund spürt. Dazu gibt es eine extra Portion Zucker und Zimt. Schmeckt wie bei Oma und ist eine der Spezialitäten, die es seit der Gründung 2015 gibt.

Los ging es in Babelsberg, es folgten Potsdam-West und schließlich die Filiale im Zentrum Ost. Hier befindet sich die zentrale Produktion, bei der auch zugeschaut werden darf.

Transparenz ist der »Eisfrau« wichtig. Deshalb war es nur logisch, dass es eine Schauwerkstatt gibt. »Ich hatte mehr Fragen nach Zutaten und Technik erwartet«, lacht Lisboa, »aber anscheinend reicht gucken schon aus.« Immer wieder bleiben neugierige Passanten stehen und beobachten die Eisherstellung von der Straße oder vom angegliederten Eisladen aus. Aber wo ist es denn, das tolle Eis? Antwort: unter den Deckeln der Pozzetti-Eisvitrine. Dort ist es gut geschützt vor Luft und braucht deshalb keine Stabilisatoren. Ein bisschen ist es wie bei der Sendung mit der Maus: gucken, staunen, aaah! Spätestens, wenn das Eis auf der Zunge zergeht …

Adresse Lotte-Pulewka-Straße 22, 14473 Potsdam, www.eisfrau.com | ÖPNV Bus 694, Haltestelle Wiesenstraße/Lotte-Pulewka-Straße | Öffnungszeiten täglich 13–18 Uhr | Tipp Im Strandbad Babelsberg kann man die Sommerhitze hinter sich lassen und ins kühle Nass abtauchen. Danach auf der großen Wiese relaxen.

20 Der Eiskeller

Die geheimnisvolle Pyramide im Neuen Garten

Das Eis lagerte im etwa fünf Meter tiefen Keller des Gebäudes. Zum Ende eines jeden Winters wurde es vom Heiligen See herangeschafft und soll bis zum Herbstende nicht vollständig geschmolzen sein. So will es die Legende um den königlichen Kühlschrank. Er wurde errichtet, um Lebensmittel den ganzen Sommer über frisch zu halten. Die Küche des Marmorpalais war nicht weit. Warum es nun eine Pyramide sein musste? Sie passte zu den anderen Bauelementen, die Carl Gotthard Langhans im Auftrag Friedrich Wilhelm II. bei der Gestaltung nutzte: diverse Obelisken sowie die schwarzen Götter-Statuen und die Sphinx der Orangerie im Neuen Garten. Ägypten war angesagt.

Einige Meter ragt die Eiskeller-Pyramide in den Potsdamer Himmel. An den Außenwänden befinden sich hieroglyphische Wandverzierungen, deren Bedeutung nicht restlos entschlüsselt ist. Vielleicht war bei der Gestaltung der königliche Geschmack ausschlaggebender als eine historische Vorlage? Rätselhaft sind auch die sieben Zeichen über dem Eingang. Astronomische Symbole? Die sieben Planeten der Antike? In der Alchemie wurden den damals bekannten Metallen Planeten und Wochentage zugeordnet. Tatsächlich sind einzelne Zeichen erkennbar: ganz links ist das Symbol für Merkur (Quecksilber, Mittwoch), das übernächste steht für die Venus (Kupfer, Freitag) und das dritte von rechts für Mars (Eisen, Dienstag).

Das Marmorpalais im Neuen Garten am Heiligen See wurde zwischen 1787 und 1791 von Carl von Gontard als Sommersitz für die preußischen Könige errichtet. Zahlreiche Marmorkamine und antike Skulpturen wurden dafür eigens in Italien gekauft. Der Eiskeller entstand im darauffolgenden Jahr. Im Inneren der Pyramide befindet sich ein kuppelförmiger Raum mit einer Grundfläche von etwa zwei Quadratmetern und einer überraschend geringen Deckenhöhe. Mit etwa drei Metern ist sie niedriger als die Kellertiefe.

Adresse im Neuen Garten, nahe Marmorpalais, 14469 Potsdam | ÖPNV Bus 603, Haltestelle Glumestraße | Öffnungszeiten Park täglich 8–22 Uhr, von außen zu besichtigen | Tipp Nicht weit liegt das Schloss Cecilienhof mit seinen 176 Zimmern. Im Sommer 1945 trafen sich hier die drei Siegermächte USA, Großbritannien und die Sowjetunion zur Potsdamer Konferenz.

21 Die Entenfanganlage

Es war einmal ein Denkmal

Hier ist also die denkmalgeschützte Entenfanganlage der Hohenzollern auf dem Kleinen Entenfängerteich. Oder das, was von beiden übrig ist. Wald, so weit das Auge reicht. Die ehemalige Begrenzung soll noch erkennbar sein. Ab ins Unterholz. Und tatsächlich: Eine kleine Kante im Waldboden ist noch zu sehen. Es ist der ehemalige Außenrand der Anlage. An ihm entlang geht es weiter, bis er rechtwinklig abknickt. An der Ecke ist der einst dort abgehende Fangkanal auszumachen. Man muss schon genau hinsehen, aber das ist ja das Tolle. Die Anlage wurde vor mehr als 300 Jahren angelegt.

Das schnatternde Federvieh stand am kurfürstlichen Hof auf der Speisekarte. Es war sehr beliebt, doch etwas störte. Bei der gewöhnlichen Jagd kamen Schrotgewehre zum Einsatz. Entsprechend war das erlegte Geflügel mit Bleikugeln gespickt. Machte sich nicht so gut auf dem Teller, sodass Friedrich III. eine eigenwillige Jagdmethode erdachte (oder erdenken ließ). Die Lösung: Ein eigens angelegter Teich im Wildpark mit einer Wasserfläche von etwa 120 mal 120 Metern und dem pittoresken Namen Kleiner Entenfängerteich. Ja, liebe Donaldisten, ihr müsst jetzt ganz tapfer sein. An jeder der vier Ecken des quadratischen Gewässers befand sich ein geschwungener trichterartiger Kanal, der mit einem Geflecht überspannt war. Die Riesenreuse führte zu einem Fangkasten. Dort schnappte die Falle zu. Die arglosen Vögel saßen fest und wurden von Wärtern um die Ecke gebracht. Die Hauptfangzeit war von Juli bis September, wenn Zehntausende Wildenten das Golmer Luch als Zwischenrastplatz nutzen.

Von 1694 bis 1714 ging das so. Dann wurde der Kleine Entenfängerteich stillgelegt und ganz in der Nähe auf dem Großen Entenfängerteich bis in die 1820er Jahre weitergejagt. Mit etwas Geschick und Spurenlesen, Wagemut und Mückenspray ist es möglich, das ehemalige Gewässer zu umrunden.

Adresse Fuchsweg, 14548 Schwielowsee | **ÖPNV** Bus 610, Haltestelle Wildpark-West/Am Wasserwerk | **Tipp** Die Düsteren Teiche sind ein vermoorter Teil des Katharinenbachs bei Bornim. Auf dem etwa acht Hektar großen Flächennaturdenkmal tummeln sich viele Singvögel.

22 Die Erfrischungshalle

Immer dem Kaffeeduft nach …

Wohltat, Erquickung, Stärkung, das sind Synonyme für Erfrischung. Ein kleiner Rundbau im S-Bahnhof Griebnitzsee bietet genau das – in der Erfrischungshalle. Seit 2023 betreiben die in Potsdam ansässigen Buena Vida Coffee Roasters das entzückende Café in Potsdam-Babelsberg. Es ist der zweite Standtort des Unternehmens, das seinen Hauptsitz am Rand des holländischen Viertels hat. Es gibt Spezialitäten von Espresso über Filterkaffee bis Entkoffeiniertes und die leckeren Bohnen auch für zu Hause. Für jeden Kaffeefan – egal ob Team Handfilter oder Team Vollautomat.

In der hauseigenen Rösterei mitten in Babelsberg wird der Kaffee veredelt. Dabei ist Erfahrung gefragt, um die perfekte Balance zwischen den fruchtigen Nuancen und den tollen Aromen der Kaffeekirsche zu finden. Bei 200 Grad Celsius wird der Kaffee in einem 15-Kilogramm-Trommelröster schonend geröstet. Eine knappe Viertelstunde plusminus dauert es, dann darf er die Geschmacksknospen erfreuen. Nun also auch am Griebnitzsee.

Der Bahnhof wurde 1874 an der Berlin-Potsdamer Eisenbahn gebaut, um die Villensiedlung Neubabelsberg zu erschließen. Die Station hieß entsprechend Neubabelsberg. Ab 1938 trug sie den Namen Babelsberg-Ufastadt. Der Grund war die Nähe zum immer größer werdenden Filmgelände der Ufa. Klingt irgendwie vertraut, oder? Der ehemalige Regionalbahnhof Drewitz heißt seit dem Jahr 2000 Medienstadt Babelsberg. Zurück zum Griebnitzsee: Eine weitere Umbenennung erfolgte 1949. Seitdem trägt die Station schlicht den Namen Griebnitzsee. Während der Deutschen Teilung war der Bahnhof für den Nahverkehr gesperrt und das Ein- und Aussteigen im Transitverkehr durch die DDR nach West-Berlin nicht erlaubt. Seit 1990 ist er wieder für die Allgemeinheit zugänglich. Zwei Jahre später startete der S-Bahnverkehr zwischen Wannsee und Potsdam. Ein genussvoller Zwischenstopp lohnt sich!

Adresse Rudolf-Breitscheid-Straße 201, 14482 Potsdam | ÖPNV Bus 616, 694, 696, 697, S7, Haltestelle S-Bahnhof Griebnitzsee | Öffnungszeiten Mo–Fr 7–17 Uhr, Sa–So 10–17 Uhr | Tipp Auf dem heutigen Campus Griebnitzsee der Uni Potsdam war ab 1938 das Hauptlager des Deutschen Roten Kreuz. Bei der Erweiterung des Gebäudes wurde ein »Führerbalkon« eingeplant. Gesprochen hat Adolf Hitler dort nie.

23 Die Familie Grün

Leben in der Innenstadt

Die drei wohnten hinterm Absperrzaun. Weiß-rot-gestreift. Erneute Arbeiten am Trio aus Mutter, Vater und Kind mit der namensgebenden Kleiderfarbe waren notwendig. Denn nicht jeder respektiert die Figurengruppe von Carola und Hans-Joachim Buhlmann aus dem Jahr 1982, die in der Brandenburger Straße den Flaneuren keck entgegenguckt. Ein bisschen seventiesmäßig sehen sie aus mit Hut und Schlaghosen, Papa trägt halblanges Haar und Vollbart. Er zwinkert uns zu und legt dabei seine Hand aufs Herz. Sie ist riesig groß. Wenn dit nich Liebe ist! Muttern hat die Hände in die Hüften gestemmt und Junior feixt sich eins. Die drei machen einfach gute Laune. Es geht ihnen wieder gut.

Zeitweise mussten sie umziehen. Die Original-«Familie Grün« von 1982 war zu beschädigt und verließ die Innenstadt ins Depot. Seit 2020 steht eine Kopie der Plastik in der belebten Fußgängerzone. Geschaffen hat sie die Künstlerin Kerstin Becker in Absprache mit der Stadt und Katja Buhlmann. Die Tochter der Urheberin der Figurenfamilie ist selbst Keramikerin. In der Töpferwerkstatt ihrer Eltern machte sie intensive Erfahrungen mit dem Werkstoff Ton.

Die Figurengruppe ist eine freie Nachschöpfung, nah am Original und doch eigen, sowohl in der Gestaltung als auch im Material. Sie ist aus glasiertem Terracotta gefertigt. Immer wieder ist die dreiköpfige Keramik-Familie Vandalismus ausgesetzt. Vielleicht zieht sie erneut um. Aber wohin? Wohnraum für Familien ist in Potsdam knapp. Das betrifft vor allem die aus Fleisch und Blut. Die Stadt ist laut einer Erhebung aus dem Jahr 2022 unter den Top Ten der deutschen Städte mit der größten Mietsteigerung. Für »Familie Grün« ist es schwierig. Im Gespräch sind der Campus der Stadtverwaltung oder ein Standort vor dem Standesamt. Ach, nee. Seid freundlich zu den fröhlichen dreien, die uns selbstbewusst von ihrem altbekannten Platz unter der großen Linde anschauen.

Adresse Brandenburger Straße, 14467 Potsdam | ÖPNV Tram 92, 96, Haltestelle Brandenburger Straße | Tipp Preußischblau. Königsblau. In der gleichnamigen Keramikwerkstatt im holländischen Viertel strahlen Teller, Kaffeetassen mit Stövchen und mehr im satten Farbton.

24_Das Felicitas-Fenster

Der Alte Fritz in Bio

Mmmmh. Ein köstlicher Anblick: Zartbitter, Vollmilch und weiße Schokolade fließen in den drei Temperiergeräten in der Confiserie Felicitas. Durch die Fensterscheibe darf man ihnen dabei zusehen. Lecker! Gerade entsteht eine beliebte Kreation der Manufaktur. Es ist eine kleine Schokobüste eines sehr berühmten Potsdamers: Friedrich der Große. »Alles, was wir in Bio-Qualität herstellen, entsteht hier«, erklärt Goedele Matthyssen. Etwa zehn Kilogramm Schokolade verwandeln sich täglich in der kleinen Werkstatt in handgemachte Pralinen, Tafeln und Hohlfiguren. Die dazugehörigen Spezialformen aus Kunststoff kommen aus Belgien.

So wie Goedele Matthyssen und ihr Mann Peter Bienstman. In einer LPG-Küche in der Lausitz starteten sie 1992 ihre Produktion. Mehr als 30 Jahre später blicken sie auf ihr SchokoLadenLand in Hornow. Nachhaltig und barrierefrei. Für Jung und Alt. Mit Streichelzoo und Pralinenseminar, Schokoworkshops und Mitmach-Schauwerkstatt. Im Stammhaus entsteht der Großteil der Köstlichkeiten: etwa 60 Sorten feinste belgische Pralinen und Schokoladentafeln. Dazu kommen an die 700 verschiedene Figuren und Formen.

Eine große Auswahl dessen genießen Schokoladen-Fans seit 2010 in der Filiale in der Landeshauptstadt. Der denkmalgeschützte Bau stammt aus der Zeit Friedrich II. Da war die eigene Figur überfällig. Eine exklusive Form wurde eigens angefertigt. So einen Fritzen gibt es nirgendwo sonst. Außerdem stand er Pate für Lafritze, eine köstliche Kombi aus Schoko und Lakritz, die ebenfalls in Potsdam entstanden ist. »Die Kunst des Temperierens, das ist das eigentliche Handwerk«, sagt die Fachfrau. Bei den Chocolatiers in der Gutenbergstraße haben Zartbitter, Vollmilch und weiße Schokolade je eine eigene Temperatur. Sie unterscheidet sich um 0,2 Grad. Feintuning. So entsteht der tolle Glanz auf den Felicitas-Figuren. Schokolade macht einfach glücklich!

Adresse Gutenbergstraße 26, 14467 Potsdam, www.felicitas-schokolade.de | ÖPNV Tram 92, 96, Haltestelle Brandenburger Straße | Öffnungszeiten Mo–Sa 10–18 Uhr | Tipp Hier kann jeder selbst zum Chocolatier werden und seine Lieblingsschokolade kreieren, in der Schokomalerei im SchokoLadenLand in Hornow.

25 Der Feuerwachturm

Wie KI bei der Brandbekämpfung hilft

Nanu? Was macht der denn hier? Ein schlanker, hoher Turm steht auf dem Kleinen Ravensberg. Es ist ein Feuerwachtturm. Sein markantes Design mit weiß-grauen Asbestplatten stammt aus dem Jahr 1977. In ganz Brandenburg wurden damals 133 solcher Türme aufgestellt. Sie wurden manuell betrieben. Das heißt: Sie waren mit einer Person besetzt, die mit einem Rundumblick die Landschaft beobachtete. Der Kleine Ravensberg ist mit seinen 114 Metern in Potsdam dafür der perfekte Ort. Qualmte es am Horizont, peilten die Mitarbeitenden die Rauchwolke mit einer speziellen Scheibe an, auf der sie die genaue Position ablasen. Die Meldung erfolgte per Telefon. Bis 2009 ging das. Der Potsdamer Turm war einer der letzten im alten Betrieb.

Mit der Einführung des kameragestützten Waldbrandfrüherkennungssystems »IQ Fire Watch« übernahmen ab 2002 Sensoren nach und nach die Aufgabe auf den Türmen, von denen es heute noch 60 in Brandenburg gibt. Hinzu kommen etwa 40 Mobilfunkmasten, an denen das System installiert ist. Die elektronischen Kollegen checken 30 bis 40 Kilometer weit die Umgebung. Sie drehen sich und nehmen alle zehn Grad ein Bild auf. Gibt es Auffälligkeiten, wird die Waldbrandzentrale informiert. Elektronisch. Der Riese ist ein High-Tech-Tool bei der Waldbrandbekämpfung. Aber was, wenn es in glühender Sommerhitze mal ordentlich staubt? Sandige Böden sind schließlich typisch für die Region. Fehlalarm? Am Anfang lösten natürliche Wolken und Nebel auch mal eine falsche Meldung aus. Mittlerweile ist das selten, denn das System lernte. Es kann Form und Bewegung von Rauchwolken erkennen und unterscheiden, dazu 16.000 Grauwerte identifizieren. Die KI arbeitet schnell und sicher. Das ist gut. Die Kombination aus sandigen Böden, wenig Regen und ausgedehnten Kiefernwäldern macht Brandenburg bundesweit zum Land mit der höchsten Waldbrandgefahr.

Adresse Kleiner Ravensberg, 14473 Potsdam | ÖPNV Tram 91, 93, 98, Haltestelle Zum Kahleberg | Tipp Von April bis Oktober können im Wald-Jagd-Naturerlebnis e.V. (»Falkenhof«) an den Wochenenden um 14 Uhr Greifvögel im Freiflug beobachtet werden.

26 Das Flugschiff

Reisen, Weiten, Fernweh, Löschwasser

Dort oben in einigen Metern Höhe ist der neue Heimathafen. Auf der strahlend weißen Wand des Parkhauses glänzt die filigrane Aluminiumkonstruktion des Künstlers Peter Rohn in der Sonne. Das »Flugschiff« ist gelandet. Die großflächige Metallarbeit ist Ende der 1960er Jahre entstanden und befand sich ursprünglich am Haus des Reisens in der Friedrich-Ebert-Straße Ecke Yorckstraße. Was ist das wohl, ein Flugschiff? Ein fantastisch anmutendes Amphibienfahrzeug? Ein Flugzeugrumpf mit Heck? Oder ein Fisch … was seht ihr? In jedem Fall beflügelt es die Phantasie.

Der Künstler schuf ein Symbol des Reisens, was insofern bemerkenswert ist, da die Reisefreiheit der Potsdamer Bevölkerung spätestens mit dem Mauerbau 1961 deutlich eingeschränkt war. Oder gerade deshalb? Die Darstellung des Freiheitsgedankens im öffentlichen Raum war ungewöhnlich. Für den Entwurf soll Peter Rohn von den Märchen und Visionen Jules Vernes inspiriert worden sein. Bis 2009 blieb das Objekt an seinem alten Platz, dann wurde das Haus des Reisens abgerissen. Wohin reist das Flugschiff? Zum Mittelpunkt der Erde, 20.000 Meilen unter das Meer oder gar in 80 Tagen um die Welt? Nach einem Zwischenstopp im Depot trat es 2015 mit gesetzten Segeln die Reise ans Wasser an: in die Nähe der Havel an den Schiffbauerdamm.

Flugschiffe gibt es tatsächlich, meist werden sie als Flugboote bezeichnet. Es sind Flugzeuge, deren Rumpf schwimmfähig ist und die im Gegensatz zu Wasserflugzeugen kein Landegestell haben. Das Abheben von der Wasseroberfläche kann schwierig sein. Besonders bei rauer See wird es heikel. Zum Einsatz kommen sie bevorzugt bei der Waldbrandbekämpfung. Das größte jemals serienmäßig produzierte Flugboot ist die Martin JRM Mars aus den 1940er Jahren, die bis 2015 als Löschflugzeug in Kanada im Einsatz war. Als Passagierflugzeuge setzten sich Flugschiffe nicht durch.

Adresse Schiffbauergasse 15A, 14467 Potsdam | ÖPNV Tram 93, Haltestelle Schiffbauergasse/Berliner Straße | Tipp In der Bertinistraße 20 steht ein ehemaliger DDR-Grenzkontrollturm auf einer Landspitze am Übergang von Havel zum Jungfernsee.

27 Die Fünf-Sterne-Kästen

Top Bewertung für … ja, was eigentlich?

Ein Postkasten mit einer Google-Bewertung? Im Ernst jetzt? Die Rezensionen im Netz gehören zum Alltag. Damit das System gefüttert wird, sind immer mehr Menschen als sogenannte Local Guides unterwegs und die 1998 gegründete Suchmaschine belohnt sie mit einem Punktesystem. Sie knipsen, bewerten und kommentieren. Alles. Ein User, der es auf mehr als 700 Rezensionen und 6.500 Fotos bringt, lobt das große Einwurffach der, nun ja, Standardbriefkästen und vergibt satte fünf Sterne für die Location – das ist der Spitzenwert unter den Potsdamer Postkästen. Knapp 20 Treffer ergibt die Suchanfrage »Briefkasten Deutsche Post Potsdam«, sechs davon haben Bewertungen.

In die zwei knallgelben Standardkästen vor dem Rathaus Potsdam kann rund um die Uhr Post eingeworfen werden. Die Leerung erfolgt an Wochentagen zweimal, am Samstag einmal. Normal, oder? Früher war das nicht so. Die ersten Postämter entstanden im 16. Jahrhundertals zentrale Sammelstellen. Teilweise wurden die Sendungen von dort weiter ausgetragen, mancherorts war es dem Empfänger überlassen, seine Post abzuholen. Dafür gäbe es wohl keinen Stern! In Preußen wurden 1850 Briefmarken und gusseiserne Briefkästen in der Landesfarbe eingeführt. Das Blau wurde nach der Reichsgründung 1871 in allen Regionen übernommen und blieb bis 1933. Danach folgte Rot bis 1945. In der Nachkriegszeit schließlich wurde die Farbe Gelb in West und Ost üblich. Übrigens, keiner verschickt so viele Briefe wie die Deutschen: 2017 waren es 60 Millionen pro Tag, 2023 noch 40 Millionen.

Liebe Potsdamerinnen und Potsdamer, wenn ihr beim nächsten Behördentermin im Rathaus an diesen außergewöhnlich gewöhnlichen Kästen vorbeikommt, denkt daran: fünf Sterne! Warum? Vielleicht findet ihr es heraus … Die supernormalen Fünf-Sterne-Kästen stehen ja auch vor dem Standesamt. Möglicherweise ist es ein gutes Omen für den nächsten analogen Liebesbrief.

Adresse Friedrich-Ebert-Straße 79, 14469 Potsdam | ÖPNV Tram 92, 96, Bus 603, 604, 638, Haltestelle Rathaus | Tipp Ein knallblauer historischer Briefkasten nimmt an der Westseite der Hauptpost am Platz der Einheit gerne Briefsendungen entgegen. Schickes Ding.

28 Der Gedenkstein

Erinnerung an das jüdische Altenheim

Die Heckenpflanzen links und rechts sind inzwischen üppig gewachsen. Doch es gibt einen kleinen Spalt im Grün. Dahinter liegt der Gedenkstein für das jüdische Altenheim etwas versteckt. Er soll daran erinnern, dass hier in der Villenkolonie in Neubabelsberg ein besonderer Ort während der Zeit des Nationalsozialismus war. Sie nannten es »Altenheim«. Für Alte und Kranke. Für jüdische Bürger. Doch die Einrichtung in der damaligen Bergstraße 1 war ein Sammellager für Potsdamer Juden. Von hier aus erfolgten zwischen 1940 und 1943 Deportationen nach Riga und in andere Vernichtungslager. Auf dem Grundstück stand einst eine Villa, die der jüdischen Arzt Karl Heidmann um 1902 errichten ließ. Er starb zehn Jahre später. Das Haus wurde 1970 abgerissen.

Nur wenig erinnert an die Sammelstellen für die Deportation jüdischer Menschen in Brandenburg. Immerhin, die Liste der sogenannten Stolpersteine von Gunter Demnig umfasst aktuell fast 1.200 Exemplare im gesamten Bundesland. Zuletzt kamen im November 2023 in Brandenburg an der Havel die Gedenksteine für die jüdische Ärztin Luise »Lilli« Friesicke und ihre beiden Kinder hinzu. In Potsdam sind es 40 der in das Pflaster eingelassenen kleinen Gedenktafeln aus Messing.

In der Spitzweggasse sind die Opfer namenlos. Einer Initiative von Schülern des inzwischen geschlossenen Espengrund-Gymnasiums ist es zu verdanken, dass dieser Ort des Gedenkens entstand. Sie sorgten dafür, dass am 27. Januar 1998 der Stein mit seiner Bronzetafel aufgestellt wurde. Der 27. Januar ist der Tag des Gedenkens an die Opfer des Nationalsozialismus, denn an diesem Wintertag im Jahr 1945 wurde das Vernichtungslager Auschwitz von sowjetischen Soldaten befreit. In Babelsberg zeugen kleine Steine und Grablichter von einer aktiven Erinnerungskultur. Ein Zeichen dafür, dass der oder die Verstorbene nicht vergessen ist.

Adresse Spitzweggasse 2A, 14482 Potsdam | ÖPNV Bus 616, Haltestelle Karl-Marx-Straße/Behringstraße | Öffnungszeiten immer zugänglich | Tipp Stolpersteine erinnern an jüdische Menschen aus Babelsberg vor den Häusern in der Stahnsdorfer Straße 30 sowie in Alt Nowawes 36 und 116.

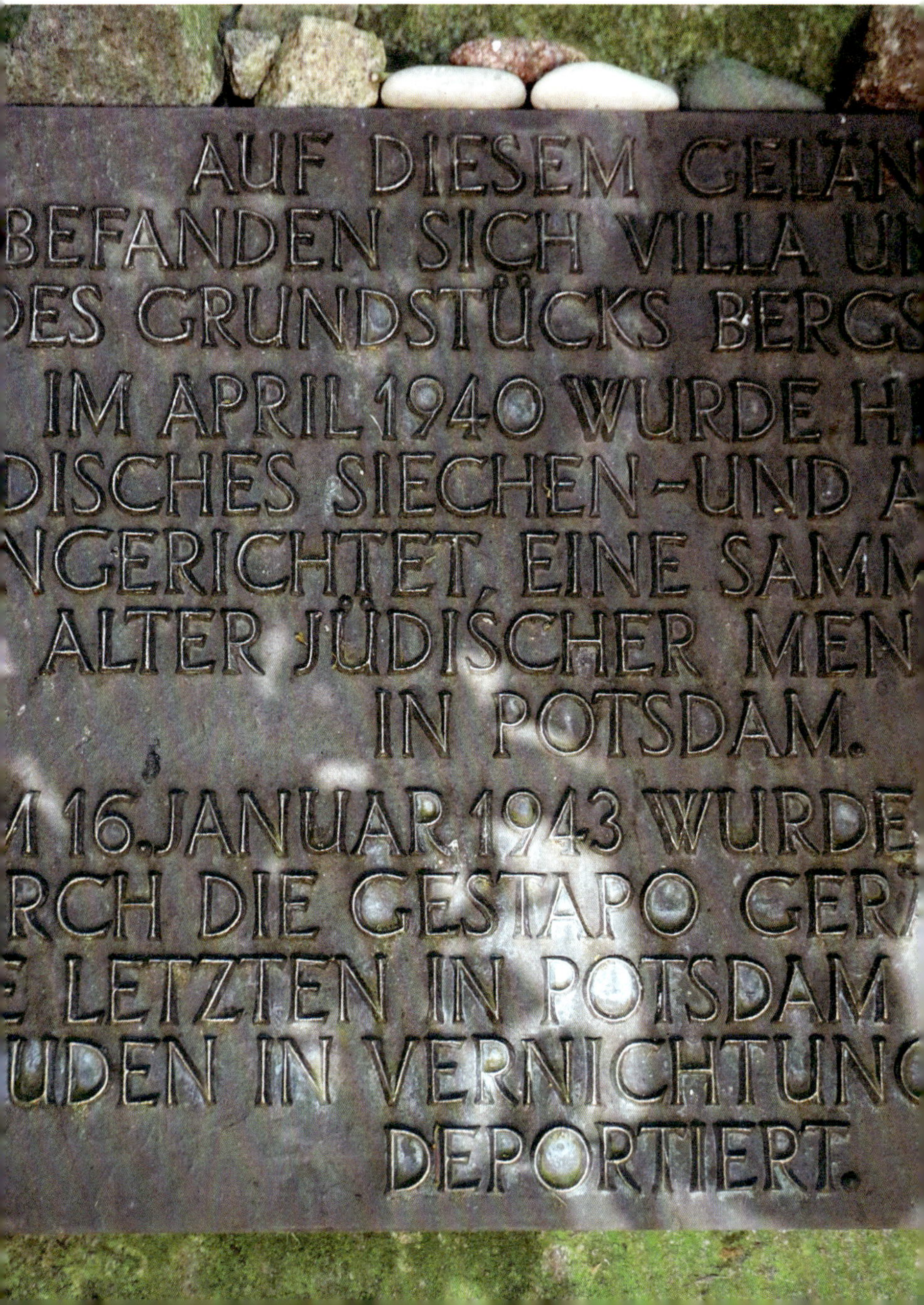

29 Die gläserne Energie

Ein Röhrenmonster an der Steinstraße

Vor dem Gebäude steht ein Glasbau. In seinem Inneren schlängeln sich dicke Rohre hoch und runter, um die Ecke und quer herüber. Hell glänzt das Metall. Druckanzeiger und Ventilräder sitzen an unterschiedlichen Stellen. Was passiert hier? Der gläserne Maschinenraum ist eine Fernwärmestation mit einer Wärmetauscheranlage. Aha! Hier kommt die Energie aus dem Heizkraftwerk Süd mit ordentlich Wumms an. 16 Bar beträgt der Druck. Manche Haushalte sind direkt an das Kraftwerk angeschlossen. Für die anderen wird hier auf sechs Bar gedrosselt. Um die Wärme zu transportieren, sind 450 Kilometer Rohrleitungen erforderlich. Dazu kommen mehr als 20 Wärmenetzstationen und sieben Wärmetauscheranlagen.

Das Heizkraftwerk Süd produziert etwa 75 Prozent des Strombedarfs der Stadt. Bei der Fernwärme sind es sogar 85 Prozent. Seit 2015 gibt es einen Wärmespeicher, welcher mit etwa 41.000 Kubikmeter warmen Wassers knapp 1,2 Gigawattstunden speichern kann. Das sind eine Million Kilowattstunden, genug für eine etwa 60-stündige Wärmeversorgung der Stadt.

Fernwärme ist seit 1967 in Potsdam ein bewährtes Prinzip. Aktuell nutzen nach Angaben der Stadtwerke etwa 60 Prozent der Haushalte diese Art zu heizen. Damit liegt die Stadt weit über dem Bundesdurchschnitt. Die Zukunftspläne der Energie und Wasser Potsdam GmbH, kurz EWP sehen vor, eine weitere Energiequelle zu nutzen: Geothermie. Dafür muss mindestens 400 Meter in die Erde gebohrt werden. Je tiefer, desto höher werden die Temperaturen. Ein Pilotprojekt an der Heinrich-Mann-Allee lieferte erste positive Ergebnisse. Ziel ist es, die CO_2-Emissionen weiter zu reduzieren und dafür zusätzlich zu Solar und Kraft-Wärme-Kopplung in den Kraftwerken weitere Verfahren zu erschließen. Bis 2050 sollen die Emissionen durch Treibhausgase um 95 Prozent reduziert und die Stadt klimaneutral werden.

Adresse Steinstraße 101, 14480 Potsdam | **ÖPNV** Bus 118, 694, Haltestelle Hubertusdamm/Steinstraße | **Tipp** Das »mitlaufende Licht« ist eine smarte Beleuchtung auf dem Radweg am Templiner See. Die Lampen sind gedimmt und erhellen sich bei Bewegung.

30 Die Glienicker Brücke

Zwei Farben Grün

Es ist keine optische Täuschung. Eine Nuance unterscheidet die Farbe der beiden Hälften der Glienicker Brücke. Das Grün der Stahlkonstruktion von 1907 zeigt sich auf der Potsdamer Seite etwas heller als auf der Berliner Seite. Altert das Bauwerk im Osten schneller? Nein. Die beiden Abschnitte sind mit unterschiedlichen Farben gestrichen worden: DB 601 und DB 603. DB-Farben wurden zunächst bei Stahlbauteilen im Bereich der Deutschen Bahn verwendet, beispielsweise für Brücken, Geländer und Bahnsteigdächer, später auch für andere Stahlbauten außerhalb von Bahnanlagen. Die Farben haben einen hohen Anteil an Eisenglimmer, der für Korrosionsschutz sorgt. Es entsteht eine glitzernde, aber vergraute Optik. Deshalb weichen DB-Farben von den RAL-Farbtönen ab.

Die DB-Farbtonkarte ist überschaubar: Zwölf Farben sind es insgesamt, davon sechs Grün- und Grautöne. Kann man schon mal danebenliegen. Oder bestellt ist bestellt? Ein Liter des Dickschichtlacks reicht laut Hersteller für etwa 6,5 Quadratmeter, da kommt bei der Glienicker Brücke mit einer Gesamtlänge von 128 Metern einiges zusammen. Vielleicht war es auch Absicht? 1980 veranlasste der West-Berliner Senat die Komplettüberholung der Brücke, das DDR-Ministerium sah keinen Grund für die Instandsetzung. Nach einigem politischen Hin und Her wurden die Bauarbeiten dann 1985 ausgeführt. Kosten: zwei Millionen D-Mark.

Aktuell glitzert die weltberühmte »Agentenbrücke« nicht mehr. Der Zahn der Zeit hat an ihr genagt, an ihr, die so viel erlebte. Zwischen 1962 und 1986 wurden in drei spektakulären Aktionen insgesamt 40 Spione und Militärs ausgetauscht. Eine weiße Linie markierte die Grenze. Laut Berliner Senat wird der Korrosionsschutz bei Brücken alle 40 Jahre erneuert. Das wäre frühestens 2025. Ob die Brücke dann eine einheitliche Farbe erhält? Oder bleibt es bei der »Farbtäuschung«?

Adresse Berliner Straße, 14467 Potsdam | ÖPNV Tram 93, Bus 613, Haltestelle Glienicker Brücke | Tipp Nostalgisches Tankstellen-Ambiente trifft auf französische Küche im Garage du Pont. Wo? Just à la Glienicker Brücke.

31 Die Glindower Alpen

Potsdams skurrile Bergwelt

Hoch und runter geht es im hügeligen Naturschutzgebiet südlich des Glindower Sees. Es liegt am nördlichen Rand der Grundmoränenplatte Lehnin-Glindow. Mit der letzten Eiszeit hat die ungewöhnliche Landschaft nichts zu tun.

Alpen, nun ja, für Brandenburger Verhältnisse sind die Höhenunterschiede ganz ordentlich. Mit 201 Metern ist der Kutschenberg der höchste Berg des Bundeslandes. In den Glindower Alpen geht es laut meiner Wander-App 60 Meter hoch und 60 Meter runter. Treppauf, treppab. Denn teilweise sind die Auf- und Abstiege mit Holzstufen versehen. Sie führen durch eine faszinierende Landschaft. Unterschiedlichste Grüntöne leuchten, Moos wächst auf umgefallenen Bäumen, und Efeu rankt an den Stämmen. Eine verwunschene Oase. Wild und urtümlich. Oha, da! Da janz weit unten ist Wasser. Der kleine Tümpel ist der Hexenpfuhl. Weiter geht es über Stock und Stein und manchmal sogar über quer liegende Äste ins Tal. Eine kleine Holzbrücke führt über einen Wasserlauf. Links und rechts türmt sich die skurrile Landschaft. Dann geht es wieder hinauf und vorbei an einem beeindruckenden Baumriesen: einer Kaiserlinde mit sieben Stämmen.

Die Glindower Alpen sind nicht natürlich entstanden. Die Ziegelproduktion hat hier ihre Spuren hinterlassen. Durch den Abbau von Ton ab dem 15. Jahrhundertentstanden tiefe Schluchten von bis zu 30 Metern. Lorenbahnen fuhren durch das Mini-Gebirge und transportierten das Material ab. Gebrannt wurde im Hoffmannschen Ringofen der Glindower Ziegelmanufaktur. Er ist von 1868 und seit mehr als 150 Jahren nahezu pausenlos in Betrieb. Heute werden handgestrichene Tonziegel für historische Gebäude hergestellt: das Denkmal produziert für den Denkmalschutz. Achtung, Stufe! Es geht wieder bergab. Trittfestigkeit und eine gewisse Grundkondition sollte man mitbringen. Es ist eben kein Spaziergang, sondern eine brandenburgische »Alpen«-Wanderung.

Adresse Alpenstraße 44, 14542 Werder (Havel) | ÖPNV Bus 633, 641 ab Werder Bahnhof, Haltestelle Alpenstraße | Tipp Das Ziegeleimuseum ist von April bis Oktober samstags, sonntags und an Feiertagen von 11 bis 16 Uhr geöffnet. Toll ist die Besichtigung des Ringofens.

32 Die Grabstätte Quantz

Hier ruht Friedrichs Flötenlehrer

Er strafft die Schultern und hält das dunkle, fast schwarze, glänzende Instrument waagerecht. Friedrich II. steht Querflöte spielend im Konzertzimmer des Schlosses Sanssouci. Ein Privatkonzert. Es heißt, er liebte es, in der Stunde vor dem Abendessen seinen Verwandten, Freunden und Bediensteten vorzuspielen. Wie in der fiktiven Szene, die Adolf Menzels bekanntes Ölgemälde zeigt. Es entstand erst zwischen 1850 und 1852, wohl auf Basis der Memoiren eines Jugendfreundes des Königs, und zeigt den damals 38-jährigen Monarchen mit Zopfperücke und Uniform. Er spielt eine Traversflöte aus Ebenholz, eine Querflöte mit sechs Löchern und einer Klappe. Mutmaßlich gebaut von Johann Joachim Quantz, seinem Flötenlehrer.

Dessen Karriere begann 1714 in Pirna als Piffaro, so die italienische Bezeichnung für einen Stadtpfeifer, einem für die musikalische Gestaltung von Stadtfesten zuständigen Musiker. Da war er gerade 17 Jahre alt. Zwei Jahre später folgte eine Anstellung bei der Stadtkapelle Dresden, und schließlich wurde Quantz Flötist bei der Kurfürstlich-Sächsischen und Königlich-Polnischen Kapelle. Dort lernte er 1728 den 16-jährigen preußischen Kronprinzen Friedrich kennen. Noch im selben Jahr begann der Unterricht. Täglich. Auch für seine Majestät hieß es: üben, üben, üben. Viele Jahre verbanden den königlichen Schüler und seinen Lehrer die Liebe zur Musik und zum Flötenspiel, die Etüden und das Komponieren. Quantz schuf mehr als 500 Werke, darunter etwa 200 Flöten-Solosonaten.

Als Quantz 1773 in Potsdam starb, ließ der König das Grab mit Plastiken der Gebrüder Räntz ausschmücken. Zunächst lag die Grabstätte in der Nauener Vorstadt, nach Auflösung des Friedhofs wurde 1865 umgebettet: auf den Alten Friedhof. Dort rauscht der Wind leise in den Baumwipfeln an einem verschneiten Januarmorgen. Fast scheint es, als mischten sich zarte Flötentöne darunter.

Adresse Heinrich-Mann-Allee 106, 14473 Potsdam | ÖPNV Tram 91, 92, 93, 96, 98, 99, Haltestelle Friedhöfe | Öffnungszeiten März, April, Sept., Okt. 7–18 Uhr, Mai–Aug. 7–20 Uhr, Nov.–Feb. 8–16 Uhr | Tipp Nicht weit steht das Denkmal für das »Potsdamer Heldenmädchen« Eleonore Prochaska, die unter dem Namen August Renz 1813 Soldat wurde.

33 Der Große Refraktor

Blick in die Sterne

Oha! Der macht seinem Namen alle Ehre. Wenn sich die Tür zum Kuppelsaal öffnet, zeigt sich der Große Refraktor in seiner vollen Gestalt in der 17 Meter hohen Kuppel. Wow. Auf dem Telegrafenberg entstand 1879 das Hauptgebäude des Astrophysikalischen Observatoriums. Die Beobachtungsinstrumente des markanten Baus mit den drei Kuppeln reichten schon bald nicht mehr aus. Höher. Schneller. Weiter. Das galt auch in der Wissenschaft. 20 Jahre später folgte deshalb der Erweiterungsbau für das »Riesenfernrohr«: ein Doppelrefraktor mit 12,5 Metern Länge, damals das größte Linsenteleskop Deutschlands. Es besteht aus zwei fest miteinander verbundenen Fernrohren, die simultane Beobachtungen am selben Stern oder im selben Sternenfeld möglich machen. Tatsächlich entdeckten Forschende 1904 hier in Potsdam das interstellare Medium, die Materie zwischen den Sternen.

Heute ist der Große Refraktor immer noch das viertgrößte Linsenteleskop der Welt. Im Inneren der beiden Fernrohre befinden sich je zwei handgeschliffene Linsen, die das Licht unterschiedlich brechen: ein Kronglas und ein Flintglas. Raritäten. Mit bis zu 800-facher Vergrößerung können beispielsweise Mond oder Jupiter betrachtet werden. Dass das möglich ist, ist dem 1997 gegründeten Förderverein Großer Refraktor Potsdam e.V. zu verdanken. Nach starker Beschädigung im Zweiten Weltkrieg wurde das Doppelteleskop zwar zunächst wieder hergestellt und bis 1968 betrieben. Dann rottete der Riese jedoch vor sich hin. Das Dach der Kuppel war undicht. Der Förderverein sorgte dafür, dass der Große Refraktor heute komplett restauriert und voll funktionsfähig erhalten ist. Gerät und Gebäude sind im Originalzustand von 1899 wiederhergestellt. In der dunklen Jahreszeit darf an öffentlichen Beobachtungsabenden durchgeguckt werden – vorausgesetzt der Himmel ist wolkenfrei.

Adresse Wissenschaftspark Albert Einstein, 14473 Potsdam, https://refraktor.aip.de | ÖPNV Bus 691, Haltestelle Zum Telegrafenberg | Öffnungszeiten Besichtigung von außen Mo, Di 9–16 Uhr, Mi, Do 9–17 Uhr, Fr 9–15 Uhr, Beobachtungsabende siehe Homepage des Leibniz-Instituts für Astrophysik Potsdam (AIP) | Tipp Entdeckt das große astronomische Bildungs- und Kulturprogramm im URANIA-Planetarium.

34 Das größte Andreaskreuz

Im Herzen der Russischen Kolonie

Ein großes Kreuz in Rot-Weiß – ein Bahnübergang? Fehlanzeige. Den findet man im UNESCO-Weltkulturerbe Alexandrowka nicht. Wer zwischen den Blockhäusern spazieren geht, bemerkt die ungewöhnliche Konzeption der 18 Hektar umfassenden Anlage kaum: ein Hippodrom, in dessen Mitte sich zwei Wege diagonal kreuzen und so ein riesiges Andreaskreuz formen. Mit einer Schenkellänge von jeweils etwa 400 Schritten, sicher das größte der Stadt, vielleicht sogar der Welt. Gut zu erkennen ist es in einem Modell der Kolonie im kleinen Museum vor Ort.

Am Schnittpunkt der Wege steht das Haus Nummer 1. Heute ist darin die Russische Teestube untergebracht, in der Spezialitäten wie Bliny und Pelmeni auf der Speisekarte stehen. Früher wurde es vom Dorfvorsteher, einem preußischen Feldwebel, bewohnt. In den anderen Blockhäusern lebten russische Sänger. König Friedrich Wilhelm III. ließ die 13 ein- und zweigeschossigen Blockhäuser ab 1826 im Gedenken an seinen im Jahr zuvor verstorbenen Freund Zar Alexander I. errichten.

Für das orthodoxe Christentum ist Andreas der bedeutendste aller Apostel. Er ist Landespatron von Russland, Schottland, Spanien und Griechenland. Er wurde in Galiläa geboren und war wie sein Bruder Simon Petrus einer der Zwölf Apostel. Sie waren Fischer, bevor sie sich Jesus anschlossen. Andreas wurde für sein Bekenntnis zum gekreuzigten Jesus mit dem Tod und der Hinrichtung an einem Kreuz bestraft. Es hatte die Form eines X, deswegen sprechen wir bis heute vom Andreaskreuz. Das bekannteste ist das Vorschriftszeichen an Bahnübergängen. Es zeigt an, dass der Schienenverkehr Vorrang hat.

Das begehbare große Andreaskreuz in Potsdam führt durch die von Peter Josef Lenné entworfenen Gartenanlagen mit ihren 1.381 Obstbäumen. Mehr als die Hälfte davon sind Apfelbäume. Im April blühen sie. Im September ist Apfelfest.

Adresse Alexandrowka 2, Russische Kolonie, 14469 Potsdam | **ÖPNV** Tram 92, 96, Haltestelle Puschkinallee | **Öffnungszeiten** immer zugänglich, Museum Alexandrowka siehe Homepage www.alexandrowka.de | **Tipp** Im Museumsgarten in Haus Nummer 2 entspannt man gemütlich bei Kaffee und leckerem Kuchen inmitten der Obstbäume. Herrlich!

35 Die Großtrappenvitrine

Brandenburgs besondere Vögel im Naturkundemuseum

Das Naturkundemuseum in Potsdam ist spezialisiert auf die heimische Flora und Fauna. Das Haus zeigt auf drei Etagen und etwa 650 Quadratmetern Ausstellungsfläche die Artenvielfalt Brandenburgs. Das Motto: Interesse, Begeisterung und Verständnis für Natur und Tiere vor der eigenen Haustür. Besuchende bekommen ungewöhnliche Einblicke in die Lebenswelten von Maus, Maulwurf, Wolf und Co. Es gibt viel zu entdecken. Bekanntes und Unbekanntes. Kleines und Großes. So wie die Großtrappe.

Die Männchen bringen es auf ein Körpergewicht von bis zu 15 Kilogramm. Damit gehören sie zu den schwersten flugfähigen Vögeln. Es braucht schon ordentlich Energie, um abzuheben. Aber es klappt. Die Weibchen bleiben deutlich kleiner, mit einem Gewicht um die fünf Kilogramm. Gemeinsam haben sie die braune bis rostbraune Gefiederfärbung am Rücken und auf den Flügeloberseiten. Da sie vom Aussterben bedroht sind, werden Großtrappen besonders geschützt. In Deutschland gibt es sie nur in Sachsen-Anhalt und Brandenburg: im Fiener Bruch, in den Belziger Landschaftswiesen und im Havelländischen Luch. Hier lädt der NABU Westhavelland im April und Mai zur Beobachtung der Balz ein. Nach Paarung und Brutzeit schlüpfen etwa drei Wochen später die Küken. Innerhalb von zehn Tagen verdreifachen sie ihr Gewicht. Das ist rekordverdächtig. Wie viele Käfer, Heuschrecken und Mäuse dafür täglich nötig sind, verrät ein eigens präparierter Schaukasten im Museum. Beeindruckend.

Das Naturkundemuseum Potsdam befindet sich im ehemaligen Ständehaus der Zauche, einem historischen Gebäude der Potsdamer Mitte. 1770 wurde es nach Plänen von Georg Christian Unger erbaut. Seit 2001 ist die Einrichtung ein eigenes Museum, in dessen Keller sich das 2023 wiedereröffnete Aquarium befindet. Hier trifft man auf kleine schwimmende Brandenburger: Flussbarsch und Plötze kommen neugierig an die Scheibe.

Adresse Breite Straße 13, 14467 Potsdam, www.naturkundemuseum-potsdam.de | ÖPNV Tram 91, 92, 93, 96, 98, 99, Haltestelle Alter Markt/Landtag, Tram 91, 94, 98, Haltestelle Feuerbachstraße, Bus 695, 605, Haltestelle Naturkundemuseum | Öffnungszeiten Di–So 9–17 Uhr und jeden 1. Mo im Monat 9–17 Uhr | Tipp Das Brandenburg Museum für Zukunft, Gegenwart und Geschichte Am Neuen Markt 9 lädt ein, die Kulturen und Identitäten in Brandenburg zu entdecken.

36 Das grüne »KarLi«

In der veganen Nordkurve

Die Trommel wummert ordentlich. Der Capo zückt das Megafon. Es ist gute Stimmung im Karl-Liebknecht-Stadion in Babelsberg. Die Fans in Block M hüpfen fröhlich auf und ab und lassen sich von einem kräftigen Regenschauer die Laune nicht verderben. Sie schwenken ihre großen Fahnen. Vor ihnen auf der Bande steht: *Who drinks milk in a football match anyway?* Es ist ein Slogan des Haferdrink-Herstellers Oatly, seit 2018 Hauptsponsor des SV Babelsberg 03. Seitdem ist das »KarLi« ein milchfreies Stadion.

Bewusste Ernährung ist Teil des Projekts »Grünes Stadion Babelsberg«. Seit der Saison 2022/23 gibt es nur noch einen Wurststand, der Fleisch anbietet. Ansonsten heißt es: vegan. Hinter der Nordtribüne bruzzeln die Mitarbeitenden die Fleischersatzprodukte, die zu Döner und Dürum werden. Schnell wird die Schlange an der Bude in der Halbzeitpause immer länger. Gut gestärkt geht es für die Fans zurück auf die Tribüne. Es ist ein Nachmittag im Mai. Noch 15 Minuten bis zum Abpfiff des letzten Saisonheimspiels des Regionalligisten. Etwa 2.500 Zuschauende feiern in der 1974/75 eröffneten Arena.

Die vier großen abknickbaren Flutlichtmasten an den Ecken des Spielfelds haben heute nicht viel zu tun und bleiben unten. Die Anlage ist einzigartig in Deutschland. Vielleicht europaweit. Grund dafür war die Nähe zum UNESCO-Weltkulturerbe Park Babelsberg und seinen geschützten Sichtachsen. Um nachhaltig zu werden, lösten 2017 LED-Scheinwerfer die alten Halogenleuchten ab. So werden 5.300 Kilowattstunden im Jahr eingespart. Zusätzlich ist auf dem Dach der Geschäftsstelle und über Block O eine Photovoltaikanlage installiert. Selbst zu Spitzenzeiten wie an Spieltagen deckt das Stadion seinen Energiebedarf selbst. Bäm. Der Ball scheppert in die Bande. Das Geschehen ist ganz nah. Kein Wunder, denn das »KarLi« ist ein reines Fußballstadion. Und welche Farbe passt da am besten?

Adresse Karl-Liebknecht-Straße 90, 14482 Potsdam, https://babelsberg03.de | **ÖPNV** S7, Haltestelle Babelsberg, Tram 94, 99, Bus 601, 690, 693, 694, Haltestelle Rathaus Babelsberg | **Öffnungszeiten** an Spieltagen, Termine siehe Homepage | **Tipp** Auf dem Willi-Frohwein-Platz liegt ein etwa zehn Tonnen schwerer eiszeitlicher Findling aus Granit.

37 Das Halb-und-halb-Haus

Fachwerk oder verputzen? Oder beides?

Ein Haus, zwei Fassaden. Was ist da los in der Jägerstraße 39? Das dreigeschossige Gebäude stammt wie seine Nachbarn aus dem 18. Jahrhundertund zeigt die für diese Zeit typische Fachwerkbauweise. Aber nicht überall. Das Erdgeschoss des Gebäudes präsentiert eine Überarbeitung mit Putz aus dem 19. Jahrhundertin feinstem Zuckerbäckerrosa. Es ist einheitlich in der jüngeren Fassadengestaltung gehalten. Das Dachgeschoss mit seinen vier kleinen und einer großen mittleren Gaube ist im Stil der ursprünglichen Bauweise erhalten.

Dazwischen wird es spannend. In der mittleren Etage zeigt sich der humorvolle Übergang von einer Epoche zur anderen in Form von … einer Rolle aus Papier? Tapete? Putz? Es ist eine Illusion, die den Übergang von neuer zu alter Bauweise markiert und das darunterliegende Fachwerk enthüllt. Als hätte jemand die Fondant-Schicht einer Festtagstorte aufgerollt. Das Sahnehäubchen sind die Fenster. Auch sie sind den jeweiligen Epochen angepasst und in der Etage der Verwandlung unterschiedlich. Aber warum?

Das barocke Typenhaus, in dem sich einst eine Schmiede befand, sowie die Hofpflasterung stehen unter Denkmalschutz. Sie gehören in die Zeit der Zweiten Barocken Stadterweiterung zwischen 1733 und 1745 unter Friedrich Wilhelm I., als sich das Gebiet im Norden des damaligen Potsdams entwickelte. Im Laufe der Zeit änderte sich jedoch der Geschmack, und die Fassade in der Jägerstraße 39 wurde im darauffolgenden Jahrhundert überarbeitet. Bei der Sanierung im Jahr 1993 wollte der aktuelle Eigentümer den Originalzustand erhalten, die Denkmalpfleger die Überarbeitung aus der späteren Zeit konservieren. Die originelle Gestaltung ist ein Kompromiss mit Augenzwinkern. Von beidem etwas. So ist das Halb-und-halb-Haus ein tolles Lehrstück für Architekturgeschichte. Es macht Spaß, hier zu gucken. Übrigens: Mit Klößen hat es nichts zu tun.

Adresse Jägerstraße 39, 14467 Potsdam | ÖPNV Tram 92, 96, Bus 603, 604, 609, 638, Haltestelle Nauener Tor | Tipp Das Karstadthaus in der Brandenburger Straße erlebte drei Insolvenzanträge in fünf Jahren. Ist es geöffnet, kann man die wunderschöne historische Glasdecke des 1905 erbeuten Stadtpalais bewundern.

38 Das Haus im Wald

Klimafolgenforschung auf dem Telegrafenberg

Seit mehr als 30 Jahren gibt es das Forschungsinstitut, das sich mit wissenschaftlich und gesellschaftlich bedeutsamen Frage in den Bereichen Klimawandel, globale Erwärmung und nachhaltige Entwicklung beschäftigt: das Potsdam-Institut für Klimafolgenforschung (kurz: PIK). Der eingetragene Verein startete 1992 mit seiner Arbeit. 2001 gründete das PIK mit sechs weiteren Forschungseinrichtungen das European Climate Forum. Seit 2019 gibt es eine Zusammenarbeit mit der Berliner Charité und die erste Professur für Klimawandel und Gesundheit.

Für die umfassenden Forschungsarbeit braucht es Platz. Deshalb entstand 2015 ein Neubau an einem kleinen bewaldeten Hang. Es ist das dritte Gebäude des PIK auf dem Telegrafenberg. Das Erstaunliche: Mit seiner besonderen Fassade aus geflämmter Lärche und der wellenförmigen Gestalt ist es ein auffälliges Bauwerk, und gleichzeitig fügt es sich in die Natur ein. Es nimmt sich zurück aus Rücksicht auf die umliegenden zahlreichen denkmalgeschützten Observatorien wie den Einsteinturm. Doch der außergewöhnliche Entwurf enthält einen versteckten Verweis auf die historischen Anlagen. Das Gebäude hat einen kleeblattförmigen, geometrischen Grundriss, der aus drei Zylindern besteht. Sie haben mit 21 Metern den gleichen Durchmesser wie der runde Kuppelbau des benachbarten Großen Refraktors.

Mehrfach in Folge gehören zahlreiche Forschende des Potsdam-Instituts für Klimafolgenforschung zu den Top 1 Prozent der renommierten Highly Cited Researchers weltweit. Das einflussreiche Ranking erfasst, »wie häufig die Publikation eines Forschenden von anderen Wissenschaftlerinnen und Wissenschaftlern zitiertet wird – ein wichtiger Indikator für wissenschaftliche Relevanz.« So schreibt es das PIK auf seiner Webseite. Und erinnert nachdrücklich: »Was hoch oben im Himmel geschieht, hat Folgen für die Menschen auf dem Boden.«

Adresse Wissenschaftspark Albert Einstein, 14473 Potsdam | ÖPNV Bus 691, Haltestelle Zum Telegrafenberg | Öffnungszeiten von außen zugänglich, Öffnungszeiten Wissenschaftspark Mo, Di 9–16 Uhr, Mi, Do 9–17 Uhr, Fr 9–15 Uhr | Tipp Bücher. Klamotten. Porzellan. Potsdamer Trödel-Fans treffen sich im Oxfam-Shop in der Friedrich-Ebert-Straße zum nachhaltigen Trödeln.

39 Die Henning-von-Tresckow-Straße

Offizier – Vorbild – Mensch

»Der sittliche Wert eines Menschen beginnt erst dort, wo man bereit ist, für seine Überzeugung sein Leben hinzugeben.« Dieses Zitat von Henning von Tresckow ist zum Traditionsverständnis der Bundeswehr geworden. Ein Soldat ist kein Instrument der Führung, welches blind jeden Befehl zu befolgen hat. Es geht um den Menschen und sein Gewissen, um Courage. Um das zu verstehen, muss man die Geschichte Henning von Tresckows kennen.

Geboren wird von Tresckow 1901, als 17-Jähriger nimmt er als Freiwilliger am Ersten Weltkrieg teil. Anschließend studiert er Jura und arbeitet als Bankkaufmann. Anfang 1926 tritt er erneut in die Reichswehr ein. Er ist ein disziplinierter Soldat mit großem Ehr- und Pflichtgefühl. Das ist jedoch nicht grenzenlos, da ist auch immer das eigene Denken. Und so ist er einer der Ersten im Militär, die nach anfänglicher Zustimmung für Hitler am Nationalsozialismus zweifeln.

Mit Beginn des Krieges 1939 führt von Tresckow ein Doppelleben – zwischen militärischen Auszeichnungen und Attentatsplänen. Er wird befördert und ist gleichzeitig die treibende Kraft des Widerstands gegen Hitler. »Das Attentat muss erfolgen«, schreibt von Tresckow im Juli 1944 in einem Brief an Graf Stauffenberg. Der platziert die Bombe unter dem Tisch in der Wolfsschanze, sein Name wird stets im Zusammenhang mit dem 20. Juli 1944 genannt.

Das Attentat scheitert. Am Folgetag tötet von Tresckow sich selbst. Vorher notiert er: »Jetzt wird die ganze Welt über uns herfallen und uns beschimpfen. Aber ich bin nach wie vor der felsenfesten Überzeugung, dass wir recht gehandelt haben. Ich halte Hitler nicht nur für den Erzfeind Deutschlands, sondern den Erzfeind der Welt.« Seit 1990 trägt die Straße am Lustgarten in Potsdam seinen Namen.

Adresse Henning-von-Tresckow-Straße, 14467 Potsdam | ÖPNV Tram 91, 92, 93, 96, 98, 99, Bus 604, 605, 614, 631, 638, X15, Haltestelle Alter Markt/Landtag | Tipp Am Werderschen Damm liegt der Wald der Erinnerung. Er ist den Toten der Bundeswehr gewidmet und ein Ort der persönlichen Trauer. Nach Anmeldung kann er besucht werden.

40_Hermannswerder

Von der Teppichhändlerin zur Stiftungsgründerin

Die Fähre F1 an der Haltestelle »Auf dem Kiewitt« steht schon da, bereit für die Überfahrt. Schnell rauf. Am anderen Ufer erstreckt sich die Halbinsel Hermannswerder. Ein schöner Ort. Es gibt Wald und Wasser. Entlang der Hauptstraße befinden sich auf 40 Hektar die 20 Gebäude der Hoffbauer-Stiftung. Ihre Geschichte ist am Südufer auf neuen Infosäulen ausgestellt.

Besonders in Erinnerung bleibt ein historisches Foto: Die Frau darauf lächelt zart, ein bisschen wie die Mona Lisa. Es ist Clara Hoffbauer. Die gebürtige Berlinerin arbeitete zunächst in der Teppichfirma, die ihr Bruder und ihr Ehemann gemeinsam gegründet hatten. Das Ehepaar engagierte sich sozial und plante bereits die Stiftungsgründung. Doch Hermann Hoffbauer stirbt 1884. Fünf Jahre nach seinem Tod erwirbt die Witwe 1889 einen Teil der Halbinsel Tornow. So hieß das Fleckchen im Templiner See, bis es zu Ehren Hermann Hoffbauers in Hermannswerder umbenannt wurde. 1901 eröffnet Clara Hoffbauer am 30. Juni, dem Geburtstag ihres Mannes, die Stiftung mit einem stattlichen Startkapital von sechs Millionen Mark. Die Ziele sind Bildung für elternlose Mädchen und die Pflege alter Menschen. Erste Gebäude wie das Mutterhaus und das Waisenhaus sind bereits fertig, weitere folgen. Der jüngste Bau ist die Inselkirche von 1910.

Heute legt die Stiftung ganz im Sinne ihres Gründerpaares den Fokus auf Bildung, Gemeinwohl und Ausbildung in sozialen Berufen. Das Internat des Evangelischen Gymnasiums Hermannswerder bietet in verschiedenen Wohnprojekten Platz für junge Menschen, die aus verschiedenen Gründen nicht in ihren Familien leben können. Für viele andere Schülerinnen und Schüler heißt es am Nachmittag übersetzen: Ein Dutzend wartet mit seinen Fahrrädern am Fähranleger. Es ist Freitagnachmittag. Schulschluss. Fröhlich quatschen alle durcheinander. Clara Hoffbauer hätte bestimmt gelächelt.

Adresse Hermannswerder, 14473 Potsdam | **ÖPNV** Fähre F1, Haltestelle Auf dem Kiewitt, Bus 694, Haltestelle Tornowstraße oder Hoffbauer-Stiftung | **Öffnungszeiten** Fahrplan der Fähre unter www.swp-potsdam.de | **Tipp** Ein Automat von Heiuki steht am Ufer Hermannswerder 2B. Hier könnt ihr Stand-up-Paddle und Kajak ausleihen. Bezahlung erfolgt online und pro Stunde.

41 Der Himmel über Potsdam

Schaut den Engeln über die Schultern

Ob sie die Gedanken der Potsdamer hören können? Die vier Engelsfiguren auf den 45 Meter hohen Ecktürmen der St. Nikolaikirche betrachten die Stadt. Und wir, die Besucherinnen und Besucher, dürfen es ihnen gleichtun: in alle Himmelsrichtungen. Über die Flügel der Engel hinweg wandert der Blick bis über die Havel oder über die Stadt. Er fällt auf den neu errichteten Turm der Garnisonkirche, neben dem das ehemalige Rechenzentrum mit dem Kosmos-Mosaik liegt. In der Ferne verschmelzen sie zu einer Einheit – zumindest von hier oben. Weiter gen Osten ist die höchste Spitze der Stadt zu sehen. Es ist der Turm der Heilig-Geist-Residenz. Und hoppla, dort auf dem Dach entspannt eine Gruppe mit Yoga-Übungen. Loslassen. Die Gedanken schweifen lassen. Die Menschen auf dem Alten Markt sind klein wie Ameisen. Hier oben fühlt man sich wie Damiel und Cassiel, die unsichtbaren Beobachter der Welt.

St. Nikolai stammt aus dem Jahr 1837. Das Gotteshaus hat einen quadratischen Grundriss von 30 mal 30 Metern und war zunächst mit einem Satteldach geschlossen. Der Bau der großen Tambourkuppel erfolgte zwischen 1843 und 1850. Um die Schubkräfte abzufangen, entstanden die zusätzlichen Strebepfeiler. Auf ihnen ruhen die 2,80 Meter großen Engelsfiguren des Bildhauers August Kiß. Er schuf auch das Christusrelief für das Giebelfeld über dem Eingang zum weitläufigen Platz am Alten Markt hin.

Gesehen haben die Engel schon vieles. In der Nacht des 14. April 1945 wurden binnen 36 Minuten weite Teile der Potsdamer Innenstadt durch einen Luftangriff der britischen Royal Air Force zerstört. Fast 1.600 Menschen verloren in der sogenannten »Nacht von Potsdam« ihr Leben. Die Kirche blieb bis auf leichte Schäden unversehrt. Erst in den letzten Apriltagen wurde sie durch sowjetischen Artilleriebeschuss zur Ruine. Das ist Geschichte. Heute ist sie das markanteste Gebäude der Potsdamer Stadtsilhouette.

Adresse Am Alten Markt, 14467 Potsdam | ÖPNV Tram 91, 92, 93, 96, 98, 99, Bus 604, 605, 614, 631, 638, 650, X15, Haltestelle Alter Markt/Landtag | Öffnungszeiten Mo–Sa 9.30–18 Uhr, So 12–18 Uhr | Tipp Die Siegessäule am Großen Stern ist der bevorzugte Aufenthaltsort der Engel Damiel und Cassiel im Film »Der Himmel über Berlin«. Sie ist 67 Meter hoch.

42 Die höchste Spitze

Sehen und gesehen werden

Von der Langen Brücke aus ist er zu sehen, von der Humboldtbrücke und vom Park Babelsberg aus auch. Der Turm der Seniorenresidenz Heilig-Geist-Park an der Havel überragt alle Gebäude der Stadt. Mit seinen 84 Metern ist er das höchste Bauwerk Potsdams. Da kiekste. Die St. Nikolaikirche mit ihrer imposanten Kuppel misst 78 Meter, das ehemalige Interhotel, heute Hotel Mercure, »nur« 60 Meter. Zum Vergleich: In den Top Ten der Berliner Hochhäuser ist kein Gebäude unter 100 Meter.

Weitläufigkeit und Blickachsen spielten bei der Standortwahl für den Bau der barocken Heilig-Geist-Kirche an der Havel eine Rolle. Sie feierte 1726 Einweihung, der Turm folgte zwei Jahre später. Friedrich Wilhelm I. ließ beides errichten, so wie den Vorgängerbau der Nikolaikirche (1724) und die Garnisonkirche (1735). Die knapp 90 Meter hohen Türme der Gotteshäuser waren weithin sichtbar und bildeten den berühmten Potsdamer »Dreikirchenblick«. Im April 1945 geriet der 86 Meter hohe Kirchturm der Heilig-Geist-Kirche in Brand. Übrig blieb eine Ruine, die knapp 20 Jahre später gesprengt wurde.

Die Seniorenresidenz entstand 1997 auf den Fundamenten. Sie sieht aus wie eine Kirche mit Hauptschiff und Turm. Auf dem Zwölf-Geschosser sitzt eine Konstruktion, die es in sich hat: Mehr als 50 Tonnen wiegt der dreiteilige Stahlkoloss *made in* Köpenick. Er besteht aus einem 22,5 Meter hohen Kegel, einer Kugel mit sechs Metern Durchmesser sowie dem Turmaufsatz und einer Dachantenne. Im Inneren des Kegels führt eine knallgelbe Wendeltreppe auf die Besucherplattform knapp unterhalb der Turmspitze. Ja, es kribbelt etwas im Bauch, wenn man in die Höhe steigt. Aber Mut wird belohnt: Das 360-Grad-Panorama der Stadt ist fantastisch und reicht bei gutem Wetter bis nach Spandau. Mamma mia! Was für eine Aussicht hat uns da der italienische Architekt Augusto Romano Burelli beschert. Königlich!

Adresse Burgstraße 31, 14467 Potsdam | ÖPNV Tram 93, 94, 99, Haltestelle Burgstraße/Klinikum | Öffnungszeiten Terrassencafé (im Sommer), Turmcafé (im Winter) Sa, So, Feiertage 14.30–19 Uhr | Tipp Der »Walk of Modern Art Potsdam« ist ein Skulpturenpfad entlang der Havel. Über QR-Codes gibt es Infos zu den zeitgenössischen Werken.

43 Das HOT

11 heiße Fakten zum schrägsten Dach der Stadt

Rot ist die dominierende Farbe. Außen wie innen. Die feuerroten Betonbänder ziehen sich durch den Theatersaal im 2006 eröffneten Großen Haus des Hans-Otto-Theaters (kurz: HOT). Die markante Dachkonstruktion aus rot lasiertem Beton zum Wasser hin ist nicht zu übersehen. Aber wusstet ihr, dass …

…im Vorfeld bis zu 60 Quadratmeter große Probeflächen gegossen wurden, um die Einbautechnik zu testen und die richtige Betonrezeptur zu finden?

…die drei wellenförmigen, in sich geschwungenen Dächer Flächenmaße von 1.000, 700 und 600 Quadratmetern haben?

…der eingesetzte Beton C35/45 eine bestimmte Konsistenz haben musste, damit er sich einerseits verarbeiten ließ und andererseits nicht auf dem Gefälle abrutschte?

…die gesamte Oberfläche des Daches per Hand geglättet wurde?

…bereits zwei Jahre nach Fertigstellung die Farbe verblasste und das von Architekt Gottfried Böhm gewollt war, da das Thema Vergänglichkeit in seinen Werken eine große Rolle spielt?

…Architekt Gottfried Böhm der erste deutsche Architekt war, der den Pritzker-Preis gewonnen hat, den »Nobelpreis für Architektur«?

…das Projekt zehn Jahre in der Schublade lag?

…die Wetterprognose während der Bauphase entscheidend war und nur an Tagen mit einer Regenwahrscheinlichkeit von unter zehn Prozent betoniert werden konnte?

…die Betonstärke der riesigen Schalen beim Anschluss an das Bühnenhaus 40 Zentimeter beträgt?

…die Jury des Wettbewerbs dem siegreichen Architekten mit auf den Weg gab, »die übertrieben expressive Gestaltung des Baukörpers zu überprüfen«?

…drei der vier Söhne Gottfried Böhms ebenfalls Architekten sind und Peter Böhm Ende der 1990er Jahre die Kölnarena baute?

Adresse Schiffbauergasse 11, 14467 Potsdam, www.hansottotheater.de | ÖPNV Tram 93, Haltestelle Schiffbauergasse/Berliner Straße | Öffnungszeiten Theatervorstellungen siehe Homepage | Tipp Raus aus dem Alltag und rauf auf das Dach des BLU mit seinen fünf verschiedenen Saunen. Mit dem 4-Stunden-Morgenticket lässt es sich besonders günstig entspannen.

44 Die Jagdsteine

Abschuss einer sagenumwobenen Erscheinung

Wie ein Geist erscheint der weiße Hirsch auf der Lichtung. Der Anblick ist beeindruckend. Peng. Es war ein edles und seltenes Tier, das Kaiser Wilhelm I. am 11. August 1884 erlegte. Der Jagdstein im Wildpark in Potsdam erinnert daran. Ob es sich um die wahre Fellfarbe oder einen Mythos handelt, ist offen. Tatsächlich gibt es in Brandenburg weiße Damhirsche. Sie sind rar. Eine eigene Züchtung hingegen und verbreiteter sind Hubertushirsche. Sie stammen vom Rotwild ab, doch ihr Fell ist hell bis weiß. Der Heilige Hubertus ist namensgebend. Der Legende nach hatte der jagende Hubertus einen Hirsch im Visier, als zwischen dessen Geweihenden ein strahlendes Kreuz erschien. Der Moment ist auch im Logo eines Kräuterlikörs verewigt. Hubertus warf seine Waffe weg und wurde Heiliger.

Kaiser Wilhelm I. war am 11. August 1884 bereits 87 Jahre alt. Man darf darüber spekulieren, wie genau der Monarch noch zielen konnte. Von anderen Jagden ist bekannt, dass er mit Schrotkugeln schoss, da der Streueffekt die Trefferquote erhöhte. Außerdem wurde das Wild in umzäunte Areale getrieben und am Jagdtag entlassen. Die »eingestellte Jagd« war beim deutschen Adel sehr beliebt und wurde wochenlang vorbereitet. Es ist bildlich vorstellbar, wie das kaiserliche Personal damit beschäftigt ist, den Hirsch zur richtigen Zeit an den richtigen Ort zu bugsieren.

Der Junior war noch gar nicht Kaiser, als er ein Jahr später am 16. November 1885 den Jagderfolg seines Vaters toppte. Wieder war es ein weißer Hirsch, dieses Mal sogar ein kolossaler 16-Ender. Ob das alles mit rechten Dingen zuging? Nun, ja. Erst nach dem Tod seines Vaters 1888 trug Friedrich III. den Titel und bekam den Jagdstein. Er ging als der 99-Tage-Kaiser in die Geschichte ein, denn im August des Jahres erlag er einer Krebserkrankung.

Um weiße Hirsche rankt sich ein Mythos: Wer sie schießt, stirbt kurz darauf, sogar innerhalb eines Jahres.

Adresse Wildpark, 14469 Potsdam | ÖPNV Bus 580, 631, 697, Haltestelle Zum Bahnhof Pirschheide | Öffnungszeiten immer zugänglich | Tipp Keine Lust auf Kochen? Mit regionalen Spezialitäten verwöhnt das Team im Anna Amalia An der Pirschheide 41 seine Gäste. Sehr lecker: Hausgemachte Kartoffelrösti.

45 Die Jan-van-der-Heyden-Leuchten

Wenn einem Holländer ein Licht aufgeht …

Die älteste Straßenbeleuchtung in Potsdam taucht die Mittelstraße im Holländischen Viertel Abend für Abend in warmes Licht. Die markanten Laternen mit ihren Holzpfählen und den rechteckigen grüngelben Gläsern sind Nachbildungen der Originale aus dem frühen 18. Jahrhundert. Ab 1719 standen 600 der Straßenleuchten in Potsdam. Entwickelt hat sie der niederländische Maler und Tüftler Jan van der Heyden für seine Heimatstadt Amsterdam. Dort gingen die Laternen 1669 in Betrieb.

Bereits 1668 gab es in London eine Straßenbeleuchtung und 1667 in Paris. In der französischen Metropole hatte Ludwig XIV. für den Ausbau der Beleuchtung gesorgt, um die »Vorgänge« in den Gassen besser kontrollieren zu können. Im Dunkeln war nun nicht mehr gut munkeln. Betrieben wurden die Leuchten mit Walöl, also mit Tran. Weitere Materialien waren Petroleum und Rüböl, Letzteres war auch der Brennstoff für die Potsdamer Straßenlaternen. Heute sind die Lampen mit LEDs ausgestattet.

Jan van der Heyden war gelernter Glasmaler, konzentrierte sich aber schnell auf die Architekturmalerei. Auf seiner Staffelei entstanden Ansichten von Kirchen, Schlössern, Straßen und öffentlichen Plätzen. Erfinder war er nur »nebenher«. Bei einem Aufenthalt in London malte der Künstler den großen Stadtbrand von 1666. Sehr wahrscheinlich ein prägendes Erlebnis, denn ab 1671 stellte er verschiedene technische Verbesserungen für die Feuerwehr vor. Er wollte die gängigen Handdruckspritzen kleiner und mobiler machen und die Druckleistung erhöhen. Sein größter Coup jedoch war die »Schlange«, eine etwa 30 Meter lange bewegliche Röhre, die er erst aus Leder und später aus wasserfestem Segeltuch herstellte – der Feuerwehrschlauch, die »brandslang«, war erfunden.

Adresse Mittelstraße, 14467 Potsdam | ÖPNV Tram 92, 96, Bus 603, 604, 609, 638, Haltestelle Nauener Tor | Tipp In der Friedrich-Ebert-Straße 109 (ehemals Nauener Straße 27) hatte Hoffotograf Ernst Eichgrün von 1899 bis 1907 sein erstes Atelier.

46 Die Jerichtslaube

Een Berlina Orijinal

Unweit vom Flatowturm, uff de Lennéhöhe, steht een janz schön oller Kasten. Mehr als 750 Jahre hatta uffm Buckel. Zumindest seine Steine. Aber der Witz is: Dit Ding stand nich imma da. Der zweejeschossige quadratische Pavilljong aus roten Rathenower Ziejeln is een Stück mittelalterlichet Berlin und stand ursprünglich mitten inne Hauptstadt. Sah aba 'n bisken anders aus. Und nu frachste dich: Wat? Wie jehtn sowat? Also, dit is so jewesen:

Die eigentliche Gerichtslaube mit einer Grundfläche von zehn mal zehn Metern stand als gotischer Vorbau neben dem Berliner Rathaus in der Spandauer Straße. Im Untergeschoss von 1270 fanden die Gerichtsverhandlungen statt. Die Halle hatte einen runden Mittelpfeiler, auf dessen umlaufendem Relief vier menschliche Torheiten dargestellt sind. Vier wat? Torheiten, Verfehlungen in Anlehnung an die sieben Todsünden. Affe, Sirenen, Schweine und Adler, als Symbol für Geiz, Wollust, Völlerei und Hochmut. Eine Strafe im Mittelalter war der Pranger: Verurteilte standen am südwestlichen Strebepfeiler, etwa drei Meter hoch auf einer Platte, dem Spott der Bürger ausgesetzt. Direkt darüber wachte der »Kaak«. Wat, wer? Der Spottvogel. Ein Fabelwesen in Vogelgestalt mit menschlichem Gesicht und Eselsohren. Die Gerichtslaube und das alte Rathaus mussten 1861 beim Bau des Roten Rathauses weichen.

Nach einijem Hin und Her schenkte man dit Janze Kaiser Wilhelm I. Der fand dit ooch janz schick und ließ die Jerichtslaube 1872 in sein Lieblingspark in Babelsberg neu errichten. Da stehtse nu. Zur 750-Jahr-Feier Berlins Ende de 1980er wollte man se wieda zurückholn ins Nikolaiviertel, entschied sich aba dajejen und für 'ne Kopie. Uffjepasst! Im neojotischen Bau in Babelsberg kannste dit spätmittelalterliche Steinmaterial jut erkennen. Der Kaak is ooch noch da. Optisch hat der olle Bau bis uff Grundriss und Bögen nich ville mit dit Orijinal zu tun. Macht nüscht.

Adresse im Park Babelsberg, 14482 Potsdam | ÖPNV S7, Haltestelle Babelsberg, Tram 94, 99, Haltestelle Rathaus Babelsberg, Bus 616, 694, Haltestelle Spindelstraße | Öffnungszeiten täglich 8 Uhr bis Einbruch der Dunkelheit | Tipp Vom Parkplatz Schloss und Park Babelsberg geht es über die Brücke Lankestraße nach Klein Glienicke. Eine Stärkung gibt's in Wartmanns Café.

47_Die Kältekammer

Eiskalte Erfahrung in der Penguzone

Pack die Badehose ein und dann nüscht wie … rinn in die Kältekammer. Badebekleidung, leichte, kurze Sportklamotten oder Unterwäsche, das ist das Basisoutfit in der blau erleuchteten Kabine. Wärmende Accessoires schützen Ohren, Hände und Füße. Dazu kommt eine FFP2-Maske wegen der Feuchtigkeit in der Atemluft. Drei Minuten bei minus 110 Grad Celsius. Brrrr. Will man das wirklich?

Seit 2022 ist die Penguzone der kälteste Ort Potsdams und bietet Ganzkörper-Kältetherapie in der PenguBox an. Das Gerät erinnert an einen XXL-Kühlschrank, in dem eine Person stehend Platz hat. Ursprünglich wurde Kryotherapie entwickelt, um Gelenkerkrankungen wie Rheuma oder Arthrose zu behandeln. Es fiel auf: Die Eiseskälte kann noch mehr. »Sie fährt den Cortisolspiegel herunter, reduzierte also den Stress und beschleunigt nach dem Sport die Regeneration«, sagt Geschäftsführer Benjamin Zink. Zudem berichten Kunden von einem verbesserten Schlafverhalten. Drei Minuten sind gesundheitsförderlich. Der Fitnessökonom nutzt das Angebot selbst zweimal in der Woche, phasenweise täglich.

Rein ins eiskalte Vergnügen kann fast jede oder jeder nach einem Anamnesegespräch und ausführlicher Beratung. Ausnahmen: Schwangerschaft, unbehandelter Bluthochdruck oder nach einem Herzinfarkt oder Schlaganfall. Im Zweifelsfall besser erst den Arzt fragen. Wer das Angebot regelmäßig nutzen möchte, kann eine Mitgliedschaft abschließen, ähnlich wie in einem Fitnessstudio. Apropos. Es gibt verschiedene Kooperationen mit Sportvereinen, so etwa mit dem AC Potsdam und dem SC Potsdam. Auch prominente Sportler aus Berlin und Brandenburg kommen in die Penguzone. Namedropping? Fehlanzeige. Diskretion ist angesagt.

Die Tür schließt sich. Die geringe Luftfeuchtigkeit in der Kabine sorgt dafür, dass sich die gefühlte Temperatur von der physikalischen unterschiedet. Kein Brrrr, sondern aaaah. Kurz gesagt: Es ist toll.

Adresse Hermann-Elflein-Straße 18B, 14467 Potsdam | **ÖPNV** Bus 614, 650, 692, X15, Haltestelle Luisenplatz Ost/Park Sanssouci | **Öffnungszeiten** Mo–Fr 10–19 Uhr, Sa 10–15 Uhr | **Tipp** Für den Vitaminkick nach dem Frischekick stehen im dean&david in der Brandenburger Straße leckere Salate und Bowls auf der Speisekarte.

48 Die Kanalpfosten

Zwischen Must-have und Mief

Beherzt griff die Prominenz zu, als es hieß: Kauf dir einen Pfosten. Crowdfunding. Hunderte Potsdamer und Freunde der Stadt kauften für je 1.000 Euro einen Pfosten. Damit machten sie die Rekonstruktion eines etwa 400 Meter langen Teilstücks an der Yorckstraße möglich. Das ist schon ein paar Jahre her. Ein frischer Anstrich lässt das Geländer neu erstrahlen. Mit seinem satten türkisgrünen Ton passt es farblich zur stadtbildprägenden Kuppel der Nikolaikirche. Allerdings macht die zusätzliche Farbe die Inschriften etwas weniger lesbar. Also hin und nachgucken.

So gönnte sich die Abiturklasse von 1952 des Dortu-Gymnasiums gemeinsam einen der gusseisernen verzierten Pfähle. Der Rotary Club Potsdam auch. Der gebürtig aus Brandenburg an der Havel stammende Humorist Vicco von Bülow alias Loriot ist ebenfalls mit dabei. Kein Scherz.

Bereits im Mittelalter wurde ein Entwässerungsgraben zur Havel angelegt. König Friedrich Wilhelm I. ließ ihn 1722 zu einem Stadtkanal ausbauen, der sich durch die Stadt zog wie eine malerische Gracht. Das holländische Viertel für die Handwerker aus dem Nachbarland entstand zwischen 1734 und 1742. Das war einst. 1965 wurde das Gewässer zugeschüttet. Ab der Jahrtausendwende erfolgte die teilweise Rekonstruktion.

Der Stadtkanal ist unter den Potsdamern umstritten. Das Stück mit Verbindung zur Havel führt Wasser, fließt aber nicht. Manchmal müffelts. Neue Konzepte sind deshalb gefragt. Die Ideen gehen vom innerstädtischen Surfkanal a là Münchner Isar-Welle bis zur Versickerungsfläche. Doch dafür braucht es Geld. Das Stück an der Yorckstraße hat keinen Anschluss an ein Gewässer und liegt trocken. Im Kanalbett wächst das Grün. Schön, um oben an den vielen personalisierten Kanalpfosten des kunstvollen Eisengeländers vorbeizuschlendern. Sie sind durchnummeriert. Wer hat die 2?

Adresse Yorckstraße, 14467 Potsdam | ÖPNV Tram 93, 94, 99, Haltestelle Platz der Einheit/Bildungsforum, Bus 605, 609, 638, X5, X15, Haltestelle Platz der Einheit/West | Tipp Die Traditionsbäckerei W. Braune in der Friedrich-Ebert-Straße ist seit 170 Jahren in Familienbesitz und der älteste Innungsbetrieb der Stadt.

49 Der Karl-Förster-Garten

Der Stauden-Papst lädt ein

»Auch ein kleiner Garten ist eine endlose Aufgabe«, davon können alle, die einen besitzen, ein Lied singen. Es hört einfach nie auf: pflanzen, schneiden, wässern, düngen, harken, setzen … rund ums Jahr. Der Ausspruch stammt von Karl Förster. Er wurde 1874 in Berlin geboren und gilt als der bedeutendste Staudenzüchter des 20. Jahrhunderts. Gleichzeitig war er Schriftsteller und Philosoph. Zwischen 1906 und 1968 veröffentlichte er zahlreiche Fachartikel, Pflanzenkataloge und Bücher. In den Naturbeschreibungen und philosophischen Betrachtungen zeigt sich Försters Respekt für die Pflanzen: Für ihn waren sie nicht einfach Gewächse, sondern Individuen. Mit seiner sorgsamen Arbeit gelangen ihm 370 Züchtungen.

In Potsdam-Bornim eröffnete er 1910 eine Gärtnerei für Stauden. Zu DDR-Zeiten wurde der Betrieb verstaatlicht, nach 1990 geriet die Firma in wirtschaftliche Schwierigkeiten. Doch sie berappelte sich, sehr zur Freude vieler Gärtner. Zum 100-jährigen Firmenjubiläum der Karl Förster GmbH erschien das 800 Seiten starke Kompendium mit mehr als 2.700 bebilderten Staudenporträts. Wenn jemand etwas über die mehrjährigen Gewächse wusste, dann Karl Förster. Er bemühte sich besonders um widerstandfähige Pflanzen, die selbst in der kalten Jahreszeit gedeihen. Das Motto: Es wird durchgeblüht. Rund um sein Wohnhaus legte der Stauden-Papst auf 5.000 Quadratmetern einen Schau- und Versuchsgarten an, der Interessierten offen stand.

So ist es noch heute. Der bunte Garten ist in verschiedene Bereiche aufgeteilt mit Steingarten, Herbstbeet und Frühlingsbeet. Das Herzstück bildet ein aufwendig gestalteter Senkgarten. Zwei Meter geht es hinunter. Zwischen den Pflanzen flattern manchmal weiße Pfautauben und kleine Lachtauben. So wie sie schon Karl Förster liebte. Immer wieder sieht der Garten anders aus. Immer wieder lädt er zum Wandel in einem Blütenmeer ein. Inspirierend.

Adresse Am Raubfang 7, 14469 Potsdam | ÖPNV Bus 614, 692, 698, Haltestelle Amundsenstraße/ Potsdamer Straße | Öffnungszeiten täglich 9–19 Uhr | Tipp Förster to go: Neben dem Garten ist der Stauden-Verkauf mit seiner ganzen Blütenpracht. Abweichende Öffnungszeiten beachten.

50 Der Kartoffelstand

Der König und die Knolle

Annabelle ist heute da. Manchmal Belana oder Sieglinde. Auf dem Wochenmarkt am Nauener Tor lockt die »Obstkutsche« mit leckeren Südfrüchten und Obst und Gemüse aus der Region. Darunter stets Erdäpfel, ein Klassiker in der brandenburgischen Küche. Aber was hat die Kartoffel mit der Region zu tun?

Da kommt der Alte Fritz ins Spiel. Im Jahr 1746 erteilte er den ersten Kartoffelbefehl. Eine Verordnung, mit der er den Anbau der »Tartoffel«, so hießen die Knollen damals, in den Provinzen durchsetzen wollte. Friedrich sprach von einer sehr »nahrhaften Speise«. Heute weiß man: 100 Gramm Kartoffeln haben 70 Kalorien und 17 Gramm Vitamin C, dazu B-Vitamine und Mineralstoffe. Die armen Bauern sollten Kartoffeln statt Brot essen, um das so eingesparte Korn verkaufen zu können. Es lief nicht optimal. Die Bauern waren skeptisch und unerfahren. Im Folgejahr enthielt der zweite königlichen Erlass eine ausführliche Anleitung für den Anbau und die Verwendung der neuen Speise: als gekochte Beilage, Kartoffelmehl für Brot, Kartoffelpüree, Pellkartoffeln. Lecker. Insgesamt 15 Kartoffelbefehle sind bekannt.

Aktuell ist Deutschland ertragsmäßig der größte Kartoffelerzeuger in der EU. Etwa 11 Millionen Tonnen werden jedes Jahr geerntet. In Brandenburg sind es gut 300.000 Tonnen, die auf einer Fläche von 11.100 Hektar wachsen. Das ist aber nicht viel. Bis 1990 wurde allein in der Region Potsdam auf 60.000 Hektar die königliche Knolle kultiviert. Der Landesbauernverband mahnt, dass der Selbstversorgungsgrad der Hauptstadtregion unter 30 Prozent liegt. Die Ernte deckt also nicht einmal ein Drittel der Nachfrage. Wenn das der Alte Fritz erlebt hätte … Ihm zu Ehren legen Besucher und Besucherinnen oft Blumen auf die Grabplatte seiner Gruft auf der obersten Stufe der Weinbergterrassen in Sanssouci. Oder Kartoffeln. Jeder nach seiner Façon.

Adresse Hegelallee 57, 14467 Potsdam | **ÖPNV** Tram 92, 96, Haltestelle Nauener Tor | **Öffnungszeiten** Frische- und Spezialitätenmarkt Sa 9–16 Uhr, Streetfoodmarket Mi 9–16 Uhr | **Tipp** Im Belmundo in der Jägerstraße 40 gibt es Kumpir. Die großen gefüllten Ofenkartoffeln sind eine Kreation aus der neuen türkischen Küche.

51 Die Kirschplantage

Bei Lienert ist gut Kirschen pflücken

Da hängen sie, dick und rund. Die Kirschbäume auf der Plantage der Familie Lienert ächzen fast unter der dunkelroten Last. Im idyllischen Norden Potsdams können sich Selbstpflücker und Selbstpflückerinnen so richtig austoben. Mein Körbchen füllt sich schnell. Die Knupper-Kirschen mit ihren großen und festen Früchten sind eine der beliebtesten Sorten. Kirsche ist nicht gleich Kirsche. Es gibt solche, die früh, mittel oder spät reifen. Zehn verschiedene Sorten Süßkirschen wachsen auf der 13 Hektar großen Obstplantage. Dazu gesellen sich Sauerkirschen, 15 Apfelsorten, verschiedene Birnenarten, Aprikosen, Pfirsiche und Pflaumen.

Los ging alles 2007. Silvia und Sylvio Lienert pachteten Land und pflanzten Bäume. Der Hofladen entstand. Bis die »Kartzower Kirsche« auf den Markt kam, dauerte es naturgemäß ein Weilchen. Seit einigen Jahren ist die Selbstpflücke geöffnet. Die Plantage ist für alle zugänglich, die für einen Eintrittspreis von 2 Euro selbst Hand anlegen möchten. Im Preis ist auch der Verzehr der Früchte vor Ort enthalten. Dann wandern Kirschen, Äpfel und andere Obstsorten in die mitgebrachten Behältnisse. Das macht Spaß, ist lecker und gesund. Eine Empfehlung, welche Frucht gerade reif ist, gibt es natürlich auch. »Ich wollte die Leute aufs Land holen«, sagt Sylvio Lienert. Sehr gerne, wir kommen.

Bei der Pflege der Bäume und Sträucher unterstützen mehrere Mitarbeitende den Familienbetrieb pro Saison. Eine Arbeitskraft ist nur dafür da, Lärm zu machen und Stare zu vertreiben. Die frechen Vögel wollen die köstlichen Kirschen auch futtern. Ein Problem, mit dem schon Friedrich II. kämpfte. Per königlichem Befehl ging es den Tieren, die sich im eigens angelegten Kirschgarten in Sanssouci tummelten, an den Kragen. Der Monarch wollte nicht mit ihnen teilen. Er liebte Kirschen. Selbst gepflückt hat er sie sehr wahrscheinlich nicht.

Adresse Fahrländer Chaussee, 14476 Potsdam, Hofladen: Neue Chaussee, 14641 Wustermark | ÖPNV Bus 609, Haltestelle Im Winkel | Öffnungszeiten Plantage Mo–Fr rund um die Uhr zugänglich, Hofladen Di–So 10–18 Uhr | Tipp Erst die Arbeit, dann das Vergnügen: Im Hofladen in Wustermark gibt es leckeres Eis, Kaffee und Kuchen. Der Rhabarberstreuselkuchen ist Weltklasse.

52 Der Kletterwald

Adrenalinkick in den Baumwipfeln

Sssssss. Die Fahrt mit der 200 Meter langen Seilrutsche ist das Highlight im AbenteuerPark Potsdam. Er ist einer der größten und abwechslungsreichsten Kletterwälder Deutschlands mit einer Gesamtlänge von 1,7 Kilometern und 170 verschiedenen Elementen. Zwölf verschiedene Parcours, die auf ein bis zwölf Metern Höhe direkt in den Bäumen installiert sind, bieten einen Höhenflug für Körper und Geist. Das macht richtig Spaß.

Leicht, mittel, schwierig – egal, welches Kletterlevel, ein kleiner (oder großer) Adrenalinkick zwischen den Wipfeln ist garantiert, wenn es nach oben geht: »Einsteiger« und »Newcomer« klettern bis zu drei Meter Höhe, »Studenten« bis sieben, »Fortgeschrittene« bis acht Meter. Bis auf neun Meter Höhe geht es beim »Fun Parcours«. Wer es richtig wissen will, erklettert in den Kategorien »Könner«, »Spezialisten« und »Experten« die Maximalhöhe von zwölf Metern. Wow. Geschick ist gefragt, wenn es über Wackelstege, Netzbrücken, Tonnen und Seile geht.

Die Geschichte der Hochseilgärten in Deutschland ist noch jung. Erst gegen Ende der 1990er Jahre wurden hier die ersten Kletterparks eröffnet. Zuvor breitete sich dieses Freizeitvergnügen vor allem in Frankreich, England und den USA aus. Der erste Seilgarten wurde schon 1875 in Frankreich errichtet. Während des Zweiten Weltkrieges wurden Seilgärten als Hindernisparcours zum Training der körperlichen Fitness des britischen Militärs genutzt. Ab 1941 setzte der deutsche Reformpädagoge Kurt Hahn Seilgärten als erlebnispädagogisches Element in den von ihm gegründeten Outward-Bound-Schulen ein. Soziales Lernen und Teamwork sollten gefördert werden. Erst ab den 2000er Jahren setzte sich immer mehr der Funfaktor durch. *Speaking of* – eine zusätzliche Fahrt mit der Riesenseilrutsche ist im AbenteuerPark als Extra zubuchbar, mit dem XL-Ticket gibt es sogar unbegrenzte Fahrt. Na dann! Sssssss. Und noch mal!

Adresse Albert-Einstein-Straße 49, 14473 Potsdam, www.kletterpark.info | ÖPNV S7, Tram 91, 92, 93, 96, 98, 99, Bus 601, 614, 650, 690, 694, Haltestelle Potsdam Hauptbahnhof, dann 10 Minuten zu Fuß | Öffnungszeiten siehe Homepage, Tickets nur online buchbar | Tipp Wer noch Körner hat, spaziert durch den Wissenschaftspark Albert Einstein. Gegenüber des Deutschen Geoforschungszentrums stehen beeindruckende Säulen aus unterschiedlichem Gestein.

53 Das Knobelsdorff-Haus

Ein Visionär im Dienste Friedrichs des Großen

Er ist weder hier geboren, noch hat er hier gelebt. Friedrichs fleißiger Baumeister ist der Architekt des 1750 erbauten klassizistischen Gebäudes nach englischem Vorbild. Es ist eines seiner zahlreichen Werke, denen man überall in der Stadt begegnet. Der Output des preußischen Stararchitekten war enorm.

Georg Wenzeslaus von Knobelsdorff wurde 1699 auf Gut Kuckädel bei Crossen an der Oder geboren. Der Familientradition folgend ging er mit 16 Jahren zur Preußischen Armee, im Alter von 29 schied er jedoch aus dem Militärdienst aus. Seine künstlerischen Fähigkeiten entwickelte er während dieser Zeit zunächst autodidaktisch. Zur Architektur kam er über die Darstellung von Bauwerken. Er malte sie. Friedrich Wilhelm I. wurde auf den jungen Knobelsdorff aufmerksam und engagierte ihn als eine Art männliche Anstandsdame und Freund für seinen Sohn. Die Kombi aus Disziplin und Kunst, die Knobelsdorff mitbrachte, sollte einen guten Einfluss auf Friedrich II. ausüben. Die Rechnung des Soldatenkönigs ging auf: Der Architekt wurde für den Kronprinzen und späteren König geschätzter Gesprächspartner und Berater in künstlerischen Fragen.

Zu Knobelsdorffs Hauptwerken zählen die Schlosserweiterungen in Rheinsberg, Charlottenburg und Monbijou sowie der Bau des Opernhauses Unter den Linden und des Forum Fridericianum in Berlin. In Potsdam widmete er sich ab 1744 dem Umbau des Stadtschlosses. Nur ein Jahr später begannen Planung und Umsetzung des weltberühmten Bauwerks, das bis heute unzählige Buchtitel schmückt: Schloss Sanssouci. Es folgten das besagte Knobelsdorff-Haus (1750), die Rehgartenkolonnade und die Neptungrotte im Park Sanssouci (1751), die Französische Kirche (1752) sowie der Obelisk auf dem Markt und das Neustädter Tor (1753). Im selben Jahr verstarb Knobelsdorff im Alter von 53 Jahren. Ach, Gartenvasen, Spiegelrahmen, Möbel und Kutschen hat er auch designt.

Adresse Am Alten Markt, 14467 Potsdam | ÖPNV Tram 91, 92, 93, 96, 98, 99, Bus 604, 605, 614, 631, 638, 650, X15, Haltestelle Alter Markt / Landtag | Öffnungszeiten nur von außen zu besichtigen | Tipp Auch große Baumeister fangen mal klein an. Karl Friedrich Schinkel entwarf den um 1800 errichteten Pomonatempel am Pfingstberg als 19-jähriger, frisch fertig Studierter. Es war sein erstes Auftragswerk.

54 Der Kölle-Uferweg

Vom königlichen Rosenlieferanten zum Gartencenter

Frisch asphaltiert ist er und mit Splitt-Kunstharz-Abstreuung versehen, der Landschaftsästhetik wegen. Denn er steht unter Denkmalschutz: der Kölle-Uferweg. Er führt vom Fähranleger auf der Halbinsel Hermannswerder bis zur Südspitze der Havelbucht. Oder umgekehrt. Kölle? Da klingelt doch was?

Das Traditionsunternehmen geht zurück auf David Kölle, der die Firma 1818 in Ulm gründete. Sein Sohn Wilhelm machte vier Jahrzehnte später in Rosen. Seine Gärtnerei avancierte zum kaiserlich-königlichen Hoflieferanten des deutschen Kronprinzen und späteren Kaisers Wilhelm II. Mit seinen preisgekrönten Pflanzen konnte Kölle bei seiner Majestät ordentlich punkten. Seit den Anfängen der Rosenzüchtung im 18. Jahrhundertbis heute sind weltweit mehr als 30.000 Rosensorten entstanden. Es gibt Wildrosen und Zuchtrosen, moderne Sorten und vor 1867 gezüchtete. Kletterrosen. Zwergrosen. Duftend. Mehrfachblühend. Mit gefüllten Blüten … die Vielfalt ist riesig.

Wilhelm Kölle gründete seinen Betrieb 1859. Knapp 100 Jahre später eröffnete 1956 der Familienbetrieb das erste Gartencenter. Heute sind es 13 Standorte, fünf davon in der Region Berlin-Brandenburg. Unter den vier Geschäftsführern des Unternehmens ist mit Klaus Kölle nach wie vor ein Familienmitglied vertreten. Genauso sind Rosen immer noch hoch im Kurs. Mehr als 130 Sorten kultiviert Pflanzen-Kölle in der Baumschule in Heilbronn.

In Potsdam hat der Rosen-Pionier Wilhelm Kölle einen eigenen Uferweg. Die Sanierung des ersten Abschnitts von Leipziger Straße bis Judengraben erfolgte bereits 2014. Im Folgejahr wurde der Ufergrünzug als Gartendenkmal in die Denkmalliste des Landes Brandenburg eingetragen. Jetzt ist der Wegabschnitt bis kurz vor der Fähranlegestelle auf Hermannswerder dran. Herrlich lässt es sich hier auf der Vorderkappe der Havel flanieren, und am Abend leuchtet das Potsdamer Ei.

Adresse Start Hermannswerder Tornowstraße/Uferweg oder Leipziger Straße/Uferweg, 14473 Potsdam | ÖPNV Bus 607, 608, 643, Haltestelle Templiner Eck | Tipp Ganz in der Nähe, Am Havelblick 6, kann man über die Havel blicken. Na sowas. Die schöne Aussicht genoss schon seiner Zeit der Kaiser – Wilhelm, nicht Franz B.!

55 Die Königinnen-Kronen

Zu Gast bei Luise, Augusta und Victoria

Sie funkeln und glitzern, wie es sich für eine majestätische Kopfzierde gehört: die drei Königinnen-Kronen am Luisenplatz. Eine blau, eine rot, eine grün. Es ist eine privat initiierte Gendenkstelle für eine Kronprinzessin und zwei preußische Königinnen, zwei von ihnen wurden später sogar deutsche Kaiserinnen. Fröhlich und bunt. So passt es zu Eleanora Terrelonge-Griffith de Franke, kurz: Ele aka die »Blumenfee« (siehe Ort 9). Seit vielen Jahren verwandelt die gebürtige Costa Ricanerin mit den grauen Rastazöpfen den Platz in eine bunte Blumenoase. Schon lange hatte sie die Idee für das Kunstwerk an der Wand des Tiefgaragenzugangs. Die Baugenehmigung bekam sie schnell.

Kronen sind meist aus Gold und Edelsteinen gefertigt. Nun, diese hier sind aus Glasbruch. Kiloweise Glassteinchen hat Ele in Handarbeit in den feuchten Putz gesetzt und so ein etwa sechs Quadratmeter großes Kunstwerk geschaffen. Viele Arbeitsstunden stecken darin.

Gewidmet sind die Kronen drei besonderen Frauen der preußischen Monarchie: Luise von Mecklenburg-Strelitz (1776–1810), bekannt als Königin Luise von Preußen, die Königin der Herzen, wenn man so will. Sie verstarb jung und bleibt als anmutige Schönheit in Erinnerung. Schon zu Lebzeiten wurde sie zum Gegenstand beinahe kultischer Verehrung, was sich nach ihrem Tod sogar noch verstärkte. Ihre Schwiegertochter Augusta von Sachsen-Weimar-Eisenach (1811–1890) wurde 1861 Königin von Preußen und zehn Jahre später die erste deutsche Kaiserin. Ihre Schwiegertochter wiederum ist Kronprinzessin Victoria »Vicky« von Großbritannien und Irland (1840–1901). Sie engagierte sich intensiv für bessere Bildungsmöglichkeiten für Mädchen und junge Frauen. Ab 1866 hatte sie das Protektorat des von Wilhelm Adolf Lette gegründeten Lette-Vereins inne, der sich für eine verbesserte Ausbildung von Frauen einsetzte. Kaiserin war sie für 99 Tage.

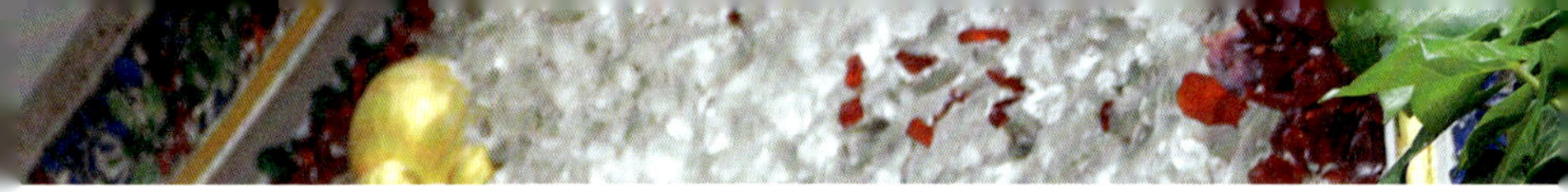

Adresse Luisenplatz, 14471 Potsdam | **ÖPNV** Tram 91, 94, Bus 605, 631, X5, Haltestelle Luisenplatz-Süd / Park Sanssouci | **Tipp** Wer sein Porzellan selbst gestalten möchte, ist bei Paint Your Style in der Friedrich-Ebert-Straße genau richtig. Motivschablonen für Königinnenkronen gibt es auch.

56 Das Kosmos-Mosaik

Gut getapt durchs All

Millionen bunte Steinchen, zusammengefügt und eingebettet in feuchten Beton, lassen Raketen, die Relativitätstheorie und den Planeten Erde entstehen. Der Zyklus aus 18 Einzelbildern, das sogenannte Kosmos-Mosaik, findet sich in der Sockelzone des Rechenzentrums. Jedes Bild ist drei Meter breit und hat eine Geschosshöhe von 2,80 Metern. Das ergibt eine ordentliche Gesamtfläche, auf der das von Fritz Eisel geschaffene Werk vom technischen Fortschritt des Sozialismus erzählt: »Der Mensch bezwingt den Kosmos«. Doch wird das Werk über den drohenden Abriss des »Trägermaterials«, des alten Rechenzentrums siegen?

Das Kosmos-Mosaik entstand von 1969 bis 1972 am Datenverarbeitungszentrum des VEB Maschinelles Rechnen. Die Steinchen-Bilder stehen seit 1991 unter Denkmalschutz – und sie haben Risse. Einzelne Steine haben sich gelöst, weil in den darunter liegenden Mörtelschichten Luftlöcher entstanden sind. Mehr als 50 Jahre Wind und Wetter haben dem Glasmosaik zugesetzt. Die Temperaturwechsel von Frost, Tau und Hitze schädigten vor allem die Tafeln auf der Westseite zur Dortustraße. Für eine umfassende Restaurierung wäre sogar ein kleiner Bestand an Originalsteinen aus Reichenbacher Pressglass in der Fachhochschule Potsdam vorhanden. Aber bleibt das Werk an seinem Ort?

Aktuell schwebt der Kosmonaut erstmal getapt durchs All. *Nobody is perfect*. Risse und Ränder wurden mit Japanpapier fixiert und Abplatzungen von einer Mosaizistin repariert. Eine Notlösung für den Weltraumspaziergang, die Raumkapsel und den dreiteiligen Himmelskörper mit seiner kuriosen Anordnung. Schon bemerkt? Die angeschnittene Erdkugel scheint falsch zusammengesetzt. Ob Absicht oder Versehen ist nicht eindeutig geklärt. So wie die Zukunft der Millionen Kosmos-Steinchen. Sie hängt von der ganz irdischen Frage nach dem Wiederaufbau der benachbarten Garnisonkirche ab.

Adresse Dortustraße 46, 14467 Potsdam | ÖPNV Tram 91, 94, Haltestelle Dortustraße, Bus 695, Haltestelle Naturkundemuseum | Tipp Abschalten und in unendliche Weiten reisen – das große astronomische Bildungs- und Kulturprogramm im URANIA-Planetarium macht's möglich.

57 Der Lampenhimmel

Farbenfrohe Lichter im Bahnhof

Hellblau. Violett. Rosa. Magisch glimmen die 400 bunten Leuchten oberhalb der Rolltreppe. Ist das ein Lampenladen? Nee. Das ist der Lampenhimmel im Foyer des Kinos UCI Luxe Potsdam im Hauptbahnhof. Tagtäglich wuseln hier viele Reisende durch die Passagen. Vorbeieilende auf dem Weg zum Gleis. Wer guckt da schon hoch? Hey, stopp mal. Der ungewöhnliche Entwurf mit seinen tollen Farbwechseln macht Spaß. Jede Leuchte hat einen Durchmesser von etwa 20 Zentimetern. Betrieben werden sie mit LEDs.

Der Lampenhimmel ist Teil der Umbaumaßnahmen, die das Kino 2018 in eines der ersten UCI Luxe Kinos in Deutschland verwandelten. Drei weitere Standorte sind zu Luxus-Lichtspielhäusern geworden, eines in Nordhausen und zwei in Berlin. Mit neuem Design, satter Technik und viel Komfort. Dabei setzt das Unternehmen auf Reclining Seats. Das englische Verb *to recline* bedeutet »sich zurücklehnen«. Aaaaah. In den edlen Ledersitzen mit elektrisch verstellbaren Kopf- und Fußlehnen kann jeder Gast und jede Gästin die individuelle Wohlfühlposition finden. Sehr gemütlich, aber bitte nicht schnarchen! Ist auch unwahrscheinlich. Ein raumfüllendes 3D-Soundsystem Dolby Atmos umgibt die Besuchenden einmal ringsherum. Das Kino wird so zum »iSense«-Saal mit einer XXL-Leinwand und Vorführungen in 4K-Qualität. Das fetzt. Da schläft garantiert niemand ein.

Das Potsdamer UCI Luxe Kino ist eines von insgesamt 22 Lichtspielhäusern der Multiplex-Kette in Deutschland. Es wurde 1999 mit der Neugestaltung der Bahnhofspassagen eröffnet. 1.055 Zuschauende passen in die acht unterschiedlich großen Säle. In Deutschlandweit betreibt die Kette 195 Säle mit einer maximalen Gesamtkapazität von 40.736 Plätzen. Das Foyer am Potsdamer Standort gibt auf alle Fälle ein tolles Fotomotiv. Einfach auf der Rolltreppe positionieren und vor dem Elektro-Regenbogen filmreif hinunterschweben.

Adresse Bahnhofspassagen, Babelsberger Straße 10, 14473 Potsdam, www.uci-kinowelt.de | ÖPNV S7, Tram 91, 92, 93, 96, 98, 99, Bus 601, 614, 650, 690, 691, 694, Haltestelle Potsdam Hauptbahnhof | Öffnungszeiten Bahnhofpassagen Mo–Sa 9.30–20 Uhr, Kinovorstellungen siehe Homepage | Tipp Das Kino Charlott am Bahnhof Charlottenhof nahm 1934 den Spielbetrieb mit 300 Plätzen auf. Seit mehr als 25 Jahren steht es leer und ist eine Ruine. Es soll saniert werden.

58 Die Landtagskantine

Preußisch Pink und Kartoffelsuppe

Ein Klassiker steht heute auf der Speisekarte: Kräuterquark mit Kartoffeln, dazu Fenchel-Karottensalat und geröstete Saaten. Nächste Woche gibt es Kartoffelsuppe mit Speck. Regionale Küche ist für Küchenchef Sandro Ay ein Muss. Zusammen mit seinen zehn Mitarbeitenden kombiniert er Hausmannskost und moderne vegetarische Küche: Es gibt Bouletten, Rahmspinat mit Setzeiern und Salzkartoffeln oder Burgunder Beete, zur Spargelsaison auch das königliche Gemüse. Es soll allen schmecken. Das Konzept passt zum Ort, zum Spannungsfeld zwischen historischer Fassade und modernem Inneren.

»*Ceci n'est pas un chateau*« steht in großen goldfarbenen Lettern an der Westseite des imposanten Gebäudes. Nee, dit is keen Schloss. Das ist das Brandenburger Landtagsgebäude. Von außen ist zwar die zwischen 2010 und 2013 wiederaufgebaute bonbonfarbene Barockfassade des Stadtschlosses zu sehen. Pretty in Preußisch Pink. Doch dahinter steckt ein modernes Gebäude mit mehr als 10.000 Quadratmetern Fläche und völlig neuem Grundriss. Das Herzstück ist der 472 Quadratmeter große Plenarsaal in Rot und Weiß. Er bietet Raum für 88 Abgeordnete und 31 weitere Plätze für Regierungsmitglieder, Landtagsverwaltung sowie Stenografen. Die Anzahl der Parlamentssitze ist auf 150 erweiterbar – für die mögliche Länderfusion mit Berlin. Ach so. Über den Köpfen der Politiker befindet sich im vierten Obergeschoss die Kantine.

Mit dem Tablett in der Hand geht es im Sommer raus auf die Dachterrasse zum Innenhof. Direkt vor den staunenden Augen türmt sich die dicke Kuppel der Nikolaikirche. Die Sonne kitzelt auf der Nase. Das Mineralwasser perlt im Glas. Schön. Seit 2014 betreibt die Firma Widynski & Roick die Betriebsküche für die Abgeordneten. Besucher sind herzlich willkommen. Fehlt zum Abschluss nur noch ein Himbeer-Buttermilch-Nachtisch – farblich passend zur Schlossfassade.

Adresse Am Alten Markt, 14467 Potsdam | ÖPNV Tram 91, 92, 93, 96, 98, 99, Bus 604, 605, 614, 631, 638, 650, X15, Haltestelle Alter Markt/Landtag | Öffnungszeiten Mo und Fr 11.30–14 Uhr, Di, Mi, Do, So 13–14 Uhr | Tipp Offene Führungen für Einzelpersonen oder Kleingruppen bis zehn Personen bietet der Landtag zweimal im Monat an, Termine und Online-Anmeldung auf www.landtag.brandenburg.de.

59 Der Lavendelhain

Provencefeeling im Volkspark

Ein leichter Wind weht aus Südwest. Er trägt den aromatischen Duft der mediterranen Sträucher herüber. Augen schließen. Tief einatmen, wieder aus. Provence. Ein Meer aus lilafarbenen Blüten leuchtet ab Juni auf dem Lavendelfeld am äußersten westlichen Zipfel des Volksparks Potsdam. Ach. Da kommt Sommer-Urlaubs-Feeling auf. Tausende Lavendelpflanzen wachsen hier an einem Hang, seit der Bundesgartenschau (kurz: BUGA) im Sommer 2001. 170 Tage lang verzauberten Stauden, Gartenpflanzen, Gladiolen, Dahlien und Steingärten Besuchende auf 70 Hektar Fläche.

Gartenausstellungen haben eine lange Geschichte, so erblühten 1865 Erfurt, 1887 Dresden oder 1927 das schlesische Liegnitz. Die erste BUGA überhaupt fand 1951 in Hannover statt. Die erste in Brandenburg war gleichzeitig die erste in den neuen Bundesländern: 1995 in Cottbus. Schon 2001 folgte Potsdam. Die BUGA 2015 fand in mehreren Orten der Havelregion gleichzeitig statt. Ist das Spektakel vorbei, bleiben wunderschöne Orte der Erholung, zum Spazieren und Schnuppern.

Es gibt weltweit etwa 30 Lavendel-Arten und unzählige Sorten. Der Echte Lavendel ist winterhart bis minus 15 Grad. Die Pflanzen werden zwischen 20 und 30 Jahre alt. Wir haben es hier im Lavendelhain also mit ziemlichen Grannys zu tun. Apropos: Der Klassiker für die Verwendung von Lavandula angustifolia kommt aus Omas Trickkiste. Lavendel hilft gegen Motten. Dafür werden die getrockneten Blüten in Stoffsäckchen gefüllt und in den Kleiderschrank gelegt. Ein Stück Lavendelseife tut es aber auch. Lavendel ist ein echter Allrounder. Als Heilpflanze ist er in Form von Öl oder Tee beliebt. Er gilt als entzündungshemmend, krampflösend und schmerzlindernd, vor allem aber beruhigend und nervenstärkend. Zur Erinnerung: einatmen, wieder ausatmen. Lavendel hilft bei Unruhe und Stress und steigert das Wohlbefinden. Und er duftet einfach herrlich.

Adresse Georg-Hermann-Allee 101, 14469 Potsdam | ÖPNV Tram 96, Haltestelle Volkspark, Tram 92, Haltestelle Campus Fachhochschule, Bus 697, Haltestelle Rote Kaserne | Öffnungszeiten täglich 5–23 Uhr | Tipp Hach, wie das duftet! In der Manufaktur SauberKunst, Am Markt 1, in Werder gibt es wunderschöne handgefertigte Seifen und Kosmetikprodukte.

60 Der Lebensbaum

Allet Jute zum Fuffzichsten!

Lebensbäume oder Thujen sind eine Pflanzengattung in der Familie der Zypressengewächse. Aber darum geht es hier nicht. Der Lebensbaum am Stern ist aus Sandstein und das Werk des Künstlers Vinzenz Warnitschke. Vor 50 Jahren hat er ihn erschaffen. Happy Birthday, Lebensbaum! Schwer kommt er daher, kompakt und robust – wie der vielbesagte Fels in der Brandung. Die blockhafte Gestaltung ist typisch für die Bildhauerkunst der frühen 1970er Jahre. Und was sehen wir? Das christliche Thema um Adam und Eva. Aber nix da Vertreibung aus dem Paradies. Keine verbotenen Früchte an den Ästen. Stattdessen klettern engelsähnliche Kinder keck in der Baumkrone. Leben. Zukunft.

Laut einer Studie der Friedrich-Ebert-Stiftung von 2023 ist Potsdam besonders zukunftsfähig. Der Sozioökonomische Disparitätenbericht (super Wort!) befasst sich mit der Ungleichheit zwischen städtischen und ländlichen Regionen in Deutschland. Dabei geht es auch um Unterschiede zwischen wirtschaftlich dynamischen Regionen und solchen mit strukturellen Herausforderungen wie etwa der Überalterung. Fast alle Brandenburger Städte und Landkreise haben damit zu kämpfen. Potsdam kommt da ganz gut weg.

Der Stadt wird bescheinigt, dass sie zu denen gehört, die über wichtige Ressourcen und Potenziale verfügen: beispielsweise einen hohen Anteil an Akademikern, viele junge Beschäftigte und ein gutes durchschnittliches Bruttogehalt, das dritthöchste im Osten nach Berlin und Jena. Daumen hoch. Und dann ist da noch die durchschnittliche Lebenserwartung: 81,9 Jahre werden die Potsdamerinnen und Potsdamer alt. Nur die Dresdner werden älter.

Bis zu 1.000 Jahre alt wird der Ginkgo biloba oder auch Fächerbaum. Er wird ebenfalls als Lebensbaum bezeichnet. Oder Glücksbaum. Er gilt als Symbol der Liebe und der Unsterblichkeit. »Alt wie ein Baum möchte ich werden … zwischen Himmel und Erde zu sein.«

Adresse Johannes-Kepler-Platz, 14480 Potsdam | ÖPNV Tram 92, 96, Bus 601, 690, 694, X1, Haltestelle Johannes-Kepler-Platz | Tipp Eine 1.000-jährige Stieleiche steht im Schlosspark Sacrow – der wahrscheinlich älteste Baum der Stadt.

61 Der Leitbau

Warum das Barberini das erste Haus am Platz wurde

Irgendwo muss man ja anfangen, könnte das Motto gewesen sein, als die öffentliche Debatte um den Wiederaufbau der Potsdamer Mitte vor rund 20 Jahren begann. So war es nicht. Es gab gute Gründe für diesen Ort. Im September 2010 bestätigte die Stadtverordnetenversammlung das Leitbautenkonzept. Ziel war die historisch getreue Rekonstruktion aller Fassaden und der inneren Struktur der Gebäude, möglichst unter Verwendung erhaltener originaler Bauelemente. Hinzu kommt die Wiederaufnahme wichtiger Blickbeziehungen sowie der Neubau mit moderner Gestaltung. Alles soll zusammenpassen. Da muss einer den Ton angeben.

Untersucht wurden insgesamt 13 Gebäude. Wer hat das Zeug zum Leitbau? Das Palais Barberini machte das Rennen. Bei ihm war eine originalgetreue Rekonstruktion dank vollständiger historischer Unterlagen möglich. Außerdem sprach seine hohe architektonische und städtebauliche Qualität für das Gebäude. Es sollte der Vorreiter für das Stadtbild am Alten Markt werden. Das öffentliche Grundstück kaufte bei einem Bieterwettbewerb, nun ja, wir wissen es.

Der Palazzo Barberini in Rom, entstanden im 17. Jahrhundert und ebenfalls ein Ort der Kunst, war Vorbild für den Potsdamer Bau. Friedrich II. ließ ihn 1772 errichten. Nach einem Luftangriff 1945 blieb nur eine Ruine des prächtigen klassizistisch-barocken Bürgerhauses. Nun sollte nach den Maßstäben des Leitkonzepts das Preußen-Palais wieder hergestellt werden. Dann mal los. Zur Hofseite und zur Platzseite entstanden die Fassaden mittels traditioneller Handwerkstechniken, die Säulen und Decken in der Eingangshalle auch. Stichwort: Rabitzputz. Das ist eine Technik, bei der Gips auf Drahtgeflecht oder Schilfmatten aufgetragen wird. Drei Jahre dauerte die Rekonstruktion. Die Bauarbeiten waren 2016 abgeschlossen und das Museum Barberini eröffnete 2017 mit seiner ersten Ausstellung zur impressionistischen Landschaftsmalerei.

Adresse Humboldtstraße 5-6, 14467 Potsdam, www.museum-barberini.de | ÖPNV Tram 91, 92, 93, 96, 98, 99, Bus 604, 605, 614, 631, 638, 650, X15, Haltestelle Alter Markt/Landtag | Öffnungszeiten Museum Barberini Mo, Mi–So 10–19 Uhr | Tipp Müde Beene vom janzen Rumjewackel? Auf den Stufen des Museum Barberini sitzt es sich entspannt an der Havel.

62 Der Löwenfries

Von Babylon nach Babelsberg

Stolz marschieren sie in einer Reihe: Die Löwen, die das blaue Mosaikband zieren. Es verläuft im Arkadengang unterhalb des Daches der Villa Sarré. Sie ist eines der prachtvollen Wohnhäuser, die Anfang des 20. Jahrhunderts am Glienicker See gebaut wurden, nämlich 1906. Ihren Namen verdankt sie ihrem ehemaligen Besitzer, dem vermögenden Sammler und Kunsthistoriker Friedrich Sarré. Er ließ den zwölf Meter langen Keramikfries anfertigen. Es ist eine Nachbildung eines Ausschnitts der Prozessionsstraße zum Ishtar-Tor, eines der Stadttore Babylons. Ishtar ist eine babylonische Gottheit, die in männlicher und weiblicher Form auftritt. Ihr Symboltier ist der Löwe. Von der einst imposanten Anlage aus dem 6. Jahrhundertvor Christus sind nur noch Bruchstücke erhalten. Diese allerdings wurden vor knapp 100 Jahren in mühevoller Arbeit nach Motiven und Farben sortiert und von einer 30-köpfigen Arbeitsgruppe zusammengepuzzelt. Das dauerte zwei Jahre. Durch Ergänzung mit modernen Ziegeln entstand das Tor und wurde 1930 dem Publikum präsentiert. Die Rekonstruktion ist im Pergamonmuseum in Berlin zu sehen.

Friedrich Sarré stammte aus einer Berliner Hugenottenfamilie, sein eigentlicher Name ist Frédéric Paul Théodore Sarré. Der Orientarchäologe leitete ab 1904 auf Bitten von Wilhelm von Bode die neu gegründete islamische Abteilung der Berliner Museen im Kaiser-Friedrich-Museum. Ehrenamtlich. Von 1921 bis 1931 war er deren offizieller Direktor mit Beamtenstatus. Auch privat lebte er den Zeitgeist: Sarré präsentierte sich gern *au style oriental* mit typischen Kleidungsstücken, beispielsweise einem Turban, vor seiner stattlichen Sammlung an »Souvenirs«, die er von seinen eigenen Forschungsexpeditionen mitbrachte. Diese führten ihn nach Kleinasien, Persien und Turkestan. Sein Schwiegervater war Carl Humann, ebenfalls Archäologe und der Entdecker des Pergamonaltars.

Adresse Spitzweggasse 6, 14482 Potsdam | ÖPNV Bus 616, Haltestelle Karl-Marx-Straße/Beringstraße | Öffnungszeiten von außen zu besichtigen | Tipp Der Kommunist und Arbeiterschriftsteller Hans Marchwitza wohnte einst im schnieken Neubabelsberg. Eine Gedenktafel ist am Haus in der Rosa-Luxemburg-Straße 27.

63 Der Luftschiffhafen

Athleten und Zeppeline

Das große Tor aus Backstein ist noch da. An den Schalterfenstern gingen früher die Fahrkarten für die Reisen an Bord eines Luftschiffs über den Tresen. Wer heute hindurchtritt, steht in Potsdams größter Sportanlage. Der Sportpark am Luftschiffhafen ist ein riesiges Areal, auf dem in unterschiedlichen Hallen gelaufen, geturnt und geschwommen wird. Das Herzstück ist die 2012 eröffnete MBS-Arena, die sogar über eine integrierte Fechthalle mit acht Planchen verfügt. So heißen die 14 Meter langen Fechtbahnen. Der älteste Teil der Sportanlage ist das Stadion, in dem die Ladys des 1. FFC Turbine Potsdam trainieren. Es entstand bereits 1927. Turbine ist ein gutes Stichwort.

Der Luftschiffpionier Ferdinand Graf von Zeppelin hatte große Pläne, als er das 25 Hektar umfassende Grundstück 1910 kaufte. Im Folgejahr landete er das erste Luftschiff LZ 10 »Schwaben« auf dem Gelände. Ein weiteres Jahr später stand die damals größte Luftschiffhalle Deutschlands in Potsdam. Die stabile Eisenkonstruktion war 175 Meter lang, 50 Meter breit und 35 Meter hoch. Sie bot Platz für zwei Luftschiffe von jeweils 150 Meter Länge und verfügte sogar über einen Blitzableiter auf dem Hallendach. Wasserstoff, das Traggas der Zeppeline, ist selbst in kleinen Mengen in der Luft ein hochentzündliches Material. Tatsächlich kam es in Düsseldorf 1912 zu einem Unfall, bei dem die LZ 10 »Schwaben« nach dem Kontakt mit der Hallenwand in Flammen aufging.

Fast 90 Jahre später entstand im brandenburgischen Krausnick der Cargolifter-Luftschiffhafen. Er ist 360 Meter lang, 210 Meter breit und 107 Meter hoch. Damit gilt er als größtes freitragendes Gebäude der Welt und beherbergt seit 2004 einen tropischen Freizeitpark. Graf Zeppelins Luftschiffhalle hätte etwa 26-mal hineingepasst. Ihr Abriss erfolgte 1920 aufgrund des Versailler Vertrags. Von 1914 bis 1917 wurden hier Kriegsluftschiffe gebaut.

Adresse Olympischer Weg, 14471 Potsdam, www.sportpark-luftschiffhafen.de | ÖPNV Tram 91, 94, Haltestelle Pirschheide | Öffnungszeiten Tor von außen immer zugänglich | Tipp *Summer in the City*, da tut ein kühles Bad im Waldbad Templin gut. Erfrischen könnt ihr euch bei schönem Wetter von Ende April bis Mitte September.

64 Der Marlygarten

Kräuter für den König

Mar… was? Marly? Wer oder was ist das? Es geht nach Frankreich. In eine Stadt ungefähr 15 Kilometer westlich von Paris. Hier beschloss Louis XIV. ab 1679, eine königliche Residenz zu bauen, deren Gebäude und Parkanlagen die gesamte Gegend prägten. Aus dem bestehenden kleinen Ort Marly wurde Marly-le-Roi. Einfach umbenannt. *Bien sûr*. Barocke Lustschlösser waren in europäischen Adelshäusern en vogue, so wie der Anbau seltener Früchte und Gemüse, den der Sonnenkönig an besagtem Ort förderte.

Ob sich Friedrich Wilhelm I. dachte: »Kann ick ooch!«, ist nicht überliefert, aber er nannte seinen 1715 angelegten Küchengarten ironisch »mein Marly«. Er diente der Versorgung des Hofes und als Ausflugsziel für die königliche Familie. Bei Sohnemann Friedrich weckten die Aufenthalte das Interesse am Obstanbau. Dem Prunk in Marly-le-Roi folgte der preußische Garten nicht. Im Gegenteil. Er war ein Ausdruck der Bescheidenheit des eher spartanisch lebenden Soldatenkönigs. In seinem Marlygarten wuchsen Kräuter, Spargel, Kohlköpfe und Rüben.

Das etwa fünf Hektar umfassende Areal ist der älteste Teil des Parks Sanssouci. Nach dem Tod des Königs 1740 ging es zunächst weiter mit dem Betrieb als Küchengarten, bis schließlich Peter Joseph Lenné 1817 auf den Plan trat. Sein Auftrag lautete: Umgestaltung in einen Landschaftsgarten. Dafür wurden neue Wege angelegt und neues Gehölz gepflanzt. Darunter sind sehr besondere Pflanzen, beispielsweise ein Taschentuchbaum. Ja, der heißt wirklich so. Im Mai leuchten seine weißen, papierartigen Blüten. Auch der alte Trompetenbaum erfreut seit mehr als 200 Jahren Spaziergänger mit seiner dekorativen Pracht und ist ein beliebtes Selfie-Motiv.

Und was wurde aus Marly-le-Roi? Die Gartenanlagen existieren nur noch in vereinfachter Form, vom Schloss sind einige Fundamentreste erhalten. So kann es kommen. *Mince alors.*

Adresse Am Grünen Gitter, 14469 Potsdam | ÖPNV Tram 91, 94, Bus 605, 631, X5, Haltestelle Luisenplatz-Süd/Park Sanssouci | Öffnungszeiten täglich 6–20.30 Uhr | Tipp Am Neuen Palais ehrt eine Gedenkstelle den großen Landschaftsarchitekten und Gartenkünstler Peter Joseph Lenné (1789–1866).

65 Das Mauerstreifenwäldchen

Auf dem ehemaligen Todesstreifen

Einfach so nach Berlin reinlaufen … für viele Menschen jahrzehntelang undenkbar. Mit dem Fall der Mauer 1989 verschwanden auch die ehemaligen Grenzanlagen, die die deutsch-deutsche Teilung markierten. Hinter der bekannten drei bis vier Meter hohen und zehn Zentimeter dicken Mauer aus Betonsegmenten erstreckte sich der sogenannte Todesstreifen. Er war zwischen zehn und bis zu 200 Metern breit und durch Lichttrassen gut beleuchtet. Dazu kamen Laufanlagen für Kettenhunde, Kontaktsignalzäune und Beobachtungstürme. Die Türme wiesen häufig Schießscharten auf. Die Grenzsoldaten hatten bis April 1989 den Befehl, die Flucht auch mit Todesschüssen auf Flüchtende zu unterbinden. Außerdem wurden zur Grenzsicherung Selbstschussanlagen installiert und mehr als eine Million Landminen verlegt. Für die Zahl der Opfer gibt es unterschiedliche Angaben. Vermutlich kamen beim Versuch, die innerdeutsche Grenze zu überwinden, etwa 370 Menschen ums Leben, an der Berliner Mauer 140. Insgesamt 155 Kilometer Todesstreifen umgaben West-Berlin.

Die ehemalige West-Berliner Exklave Steinstücken war fast vollständig von Grenzanlagen umgeben. Heute führt über das Gebiet des ehemaligen Todesstreifens ein Weg von Babelsberg nach Berlin. Er verbindet die südlich von Steinstücken gelegene Straße Am Gehölz mit der Steinstraße. Et voilà: Dort trifft man auf das Ortsschild Berlin. Der etwa 200 Meter lange, asphaltierte Weg ist gesäumt von dichtem Grün. Schön ist es hier. Radfahrende nutzen die Strecke. Zu Fuß ist es eine prima Abkürzung zum S-Bahnhof Griebnitzsee. Wer denkt da über die Vergangenheit nach? Oder die Vegetation? Hundertjährige Eichen mit dicken Stämmen findet man nämlich nicht. Im kleinen Wäldchen auf dem einstigen Todesstreifen entlang der Mauer stehen eher zarte Bäumchen. Na klar, hier wuchs bis vor 35 Jahren nüscht.

Adresse Am Gehölz, gegenüber Tschaikowskiweg, 14480 Potsdam | **ÖPNV** RE7, RB37, Bus 601, 690, 969, Haltestelle Medienstadt Babelsberg, Bus 118, 694, Haltestelle Am Gehölz | **Tipp** Am äußersten Zipfel Potsdams steht kurz vor Kohlhasenbrück am Ufer des Griebnitzsees ein Reststück Berliner Mauer.

66 Das MINSK

Eine auferstandene Ruine

Der Abriss war beschlossene Sache. Nach seiner Schließung 2000 war das ehemalige Terrassenrestaurant Minsk auf dem Brauhausberg jahrelang dem Verfall preisgegeben. Dann kam alles anders. Hasso Plattner übernahm und hatte eine Idee für die Nutzung des außergewöhnlichen Gebäudes. Nach dreijähriger Wiederaufbauphase eröffnete im September 2022 das Kunsthaus Minsk. Es ist ein Ort des Dialogs und der Begegnung. Schwerpunkt sind Kunstwerke aus der ehemaligen DDR, die in neuen Kontexten gezeigt werden.

Ein Sprung zurück: Die Städte Potsdam und Minsk planten zur Demonstration ihrer Freundschaft jeweils ein Restaurant mit dem Namen des Städtepartners. So entstand in Minsk das Café »Potsdam« und in Potsdam von 1971 bis 1977 das Terrassenrestaurant »Minsk« im nüchternen Stil der DDR-Moderne. Der Grundriss des Stahlbetonskelettbaus ist quadratisch: 24 mal 24 Meter, das Obergeschoss ragt in jede Richtung gut zwei Meter hervor. Auf der vorgelagerten Terrasse fanden 120 Gäste Platz und genossen den unverbauten Blick bis zur Havelbucht. Sie wurde auch »Schweinebucht« genannt. In dem Gebiet lag ein Schlachthof, und das Quieken der Tiere war bis in weite Entfernung hörbar.

Mit der Fassadengestaltung des »Minsk« wollte man ein Stück Weißrussland nach Potsdam bringen. Ein Band in den Nationalfarben zog sich um das Gebäude. Die kleinen Kacheln gaben der Gaststätte den gewollten Folklore-Touch. Die Inneneinrichtung war vom Feinsten: geflammter Marmor im Eingangsbereich, Lampen aus Kupfer, Schnitzereien aus weißrussischer Mooreiche. Teile wurden 2006 nach Rathenow gebracht und dort verbaut zur Einrichtung einer Schiffsküche auf einem Kahn. Der größte Teil der Inneneinrichtung hat in der Zeit des Leerstands jedoch »Füße jekriegt«. Das markante Logo der Minsker Stadttore aus Leuchtstoffröhren ist jedoch erhalten. Aufgrund der aktuellen politischen Situation bleibt es im Depot.

Adresse Max-Planck-Straße 17, 14473 Potsdam, www.dasminsk.de | ÖPNV S7, Tram 91, 92, 93, 96, 98, 99, Bus 601, 614, 650, 690, 691, 694, Haltestelle Potsdam Hauptbahnhof | Öffnungszeiten Mi–Mo 10–19 Uhr, Workshops, Führungen und Preise siehe Homepage | Tipp Nostalgiker und Neugierige können gemütlich auf der Terrasse sitzen und lecker Kaffee, Kuchen und Snacks aus dem Café Hedwig genießen.

67_Der Mittelpunkt

Brandenburgs geografische Mitte

Das Bundesland Brandenburg ist groß. Es ist flächenmäßig das fünftgrößte Deutschlands. Knapp 30.000 Quadratkilometer sind es von der Prignitz bis zur Oder, von der Uckermark bis in den Spreewald, aufgeteilt in 14 Landkreise und vier kreisfreie Städte. Insgesamt 2,5 Millionen Menschen leben in Brandenburg. Der Mittelpunkt dieses großen Areals liegt in – tataa – Potsdam. Am Fahrländer See markiert eine schwarz-silber gestreifte Edelstahlstele die geografische Mitte des Bundeslandes. Natürlich ist es nicht ganz einfach, eine so große und ungleichmäßige Fläche einzuteilen. Wie berechnet man das? Und was ist mit Berlin?

Es gibt drei Methoden, um die Koordinaten des Punktes herauszufinden. Die erste basiert auf den Daten des brandenburgischen Landesvermessungsamtes. Dazu werden der jeweils nördlichste und südlichste sowie der westlichste und östlichste Punkt der Landesgrenze verwendet. Durch die Halbierung der Entfernungen und Kreuzung parallel zu den Längen- und Breitengraden ergibt sich ein Schnittpunkt mit den Koordinaten 52 27' 32,5" nördliche Breite und 13 00' 57" östliche Länge. Und voilà, man landet am Nordufer des Fahrländer Sees. Diese Methode funktioniert sogar, wenn man Berlin herausrechnet. Wer jetzt in Mathe nicht so fit ist, dem sollte das genügen. Für alle Cracks, die es ganz genau wissen wollen, gibt es vor Ort eine Infotafel, auf der die weiteren Berechnungsmethoden erklärt werden: mittels einfacher geometrischer Figuren oder mit einem physikalischen Experiment. Spannende Sache.

Fahrland ist seit 2004 ein Ortsteil von Potsdam mit gut 5.000 Einwohnern. Theodor Fontane beschreibt den Ort, die Dorfkirche und den Königswall in seinem Werk »Wanderungen durch die Mark Brandenburg« im Band »Havelland« von 1873. Erstmals urkundlich erwähnt wurde die Gegend Ende des 12. Jahrhundertmit dem Namen »Vorlande«. Hier biste mittenmang.

Adresse am Nordufer des Fahrländer Sees, 14476 Potsdam | ÖPNV Bus 609, Haltestelle Kienhorststraße | Tipp Vom 85 Meter hohen Aussichtsturm am Finkenberg gibt es einen genialen Blick über Sielmanns Naturlandschaft. Heide, so weit das Auge reicht. Besonders im Juli und August schön, wenn die Döberitzer Heide wunderbar in lila erblüht.

68 Die MS Schwielowsee

Dampferfahren mit E-Power

Mit Volldampf über die Havel schippern ist ein echtes Vergnügen. Mit Dampf und einem Kohle schaufelnden Steuermann fährt das neueste Schiff der Weißen Flotte Potsdam allerdings nicht. Im Gegenteil. Es hat das modernste Antriebssystem der zehn Fahrgastschiffe umfassenden Flotte: Es ist ein elektrisches Hybridschiff. Das erste in der Region. Es wird von zwei Elektromotoren angetrieben, die zusammen eine Leistung von 240 Kilowatt haben. Das sind 326 PS. Der Strom kommt aus einem Lithium-Ionen-Akkublock. Über einen speziellen Ladeanschluss wird dieser während der Hafenliegezeit, vor allem über Nacht, aufgeladen. Während einer längeren Fahrt stehen zum Laden Dieselgeneratoren zur Verfügung.

Die 41 Meter lange »MS Schwielowsee« wird seit 2019 auf unterschiedlichen Routen der Weißen Flotte eingesetzt. Auf der Havelseenrundfahrt verbindet sie die Ziele Potsdam, Caputh, Petzow, Ferch, Geltow und Werder. Dabei können Freizeitmatrosen wählen, wie viele der idyllisch gelegenen Stationen sie ansteuern wollen und wann und wo sie von Bord gehen. Hopp-on. Hopp-off. Wenn ihr dachtet, das ist schon alles … denkste. Der Zugang zum Achteraußendeck ist barrierefrei, und auf dem Vorderdeck gibt es Platz für 20 Drahtesel. Die dürfen donnerstags bis sonntags für fünf Euro mit. Für E-Bikes gibt es im Außenbereich Ladeanschlüsse. Insgesamt passen 250 Personen an Bord.

Mit 160 Reisenden startete 1816 ein neues Verkehrsmittel auf der Havel seine Jungfernfahrt. Die »Prinzessin Charlotte zu Preußen« war das erste in Deutschland gebaute Dampfschiff, im Volksmund »Dampfer« genannt. Später entwickelte sich das äußerst beliebte Freizeitvergnügen »Dampferfahren«. An Bord der »MS Schwielowsee« wehen einem weder Dampf noch Diesel um die Nase. Ruhig gleitet das schnittige Ausflugsschiff über das Wasser – im E-Betrieb. Bis zu neun Knoten macht sie.

Adresse Lange Brücke 6, 14467 Potsdam, www.schiffahrt-in-potsdam.de | ÖPNV Tram 91, 92, 93, 96, 98, 99, Bus 604, 605, 614, 631, 638, 650, X15, Haltestelle Alter Markt/Landtag | Öffnungszeiten Fahrplan siehe Homepage | Tipp Eine Nummer kleiner: Lustig bunte Tretboote von Flamingo bis Porsche vermietet die Firma Moisl auf der Freundschaftsinsel.

69_Der Musikpavillon

Modern und seiner Zeit voraus

Es schwebt über dem Wasser. Leicht. Transparent. Das einzigartige Schmuckstück moderner Architektur befindet sich auf dem ehemaligen Gelände des Luftschiffhafens (siehe Ort 63). Es ist eines der wichtigsten originalen Zeugnisse des an dieser Stelle in der Weimarer Republik entstandenen Land- und Wassersportplatzes. Der Musikpavillon wurde 1932 errichtet. Er liegt direkt am Templiner See. Besonders macht ihn seine puristische und filigrane Konstruktion aus Stahl, Glas und Holz – mal etwas anderes statt der damals üblichen Konzertmuscheln. Er wirkt offen und lichtdurchflutet. Und wie eine Vorschau auf die zukünftige Gestaltung der Neuen Nationalgalerie in Berlin. Als hätte der Architekt vorweggenommen, was Bauhaus-Star Mies van der Rohe drei Jahrzehnte später im großen Stil verwirklichte.

Entworfen hat den Musikpavillon Reinhold Mohr. Der gebürtige Stuttgarter kam 1911 nach Potsdam und trat eine Stelle im städtischen Hochbauamt an. In den 43 Jahren seiner Dienstzeit schuf und begleitete er markante Bauwerke in Potsdam. Dazu zählen neben dem filigranen Pavillon am See das dahinter gelegene Regattahaus, die Stadtrandsiedlung Drewitz und das Restaurant Seekrug. Es liegt ganz in der Nähe. Als Mohr mit dem Bau des Ausflugslokals beauftragt wurde, hatte er bereits mehrere Gebäude auf dem Gelände entworfen. Kurios ist, dass er sich hier für ein Fachwerkhaus entschied. Diese Bauart ist untypisch für den Stil des Architekten. Die Erklärung ist simpel: Der damalige Oberbürgermeister und NSDAP-Kreisleiter Hans Friedrichs wollte es so. Das Restaurant und das Regattahaus dämmern im Dornröschenschlaf.

Der Musikpavillon hatte es da besser: Zum Tag der Architektur im Juni 2013 wurde er frisch saniert wiedereröffnet. Es gibt kleine Konzerte, und Tango tanzen kann man auch. Besonders in den Abendstunden ist die Stimmung toll. Dann taucht das späte Sonnenlicht den kühlen Bau in warme Farben.

Adresse An der Pirschheide, 14471 Potsdam | ÖPNV Tram 91, 94, Haltestelle Pirschheide | Öffnungszeiten immer zugänglich | Tipp Schön ist ein Spaziergang entlang des Templiner Sees, auf dem seit 2011 nach dem Stadtarchitekten benannten Mohr-Uferweg. Anlass war der 100. Jahrestag seines Dienstantritts. Glückwunsch.

70 Das Naschkatzenparadies

In der gläsernen Fruchtgummifabrik

Die Endung »*-jes*« kennzeichnet die Verkleinerungsform im Niederländischen. Kat*jes* macht aus den Katzen die Kätzchen. Und damit fängt 1950 alles an, als Klaus Fassin seine Firma in Emmerich am Rhein gründet. Er produziert kleine Lakritz-Kätzchen nach einem alten sizilianischen Rezept. Die Vierbeiner bezeichnet er als seine Glücksbringer. 20 Jahre später kommen Fruchtgummis mit Joghurt hinzu: der Joghurt-Gum ist geboren und heute das einzige Veggie-Produkt im sonst komplett veganen Sortiment. Nun ja, warum liegt auf der Hand. Der Klassiker überlebte, andere Sorten verschwanden und machten Platz für Fred Ferkel und den Grün-Ohr-Hasen, den Motto-Mix GZSZ und den Hundeprofi mit seinem bellenden Pendant zur süß-herben Miezekatze, den Hund*jes*. Tierisch geht es nur bei der Namensgebung zu. Gelatine ist seit 2016 tabu. Der Überzug der Fruchtgummis mit pflanzlichem Wachs der Carnaubapalme statt Bienenwachs machte 2022 den Schritt von veggie zu vegan komplett.

Seit 2006 können neugierige Naschkatzen aus dem ersten Stock durch große Scheiben das Geschehen in der gläsernen Bonbonfabrik in Babelsberg beobachten. Förderbänder transportieren die bunten Punkte durch die große Halle. Kreuz und quer. Hoch und runter. Dazwischen laufen Mitarbeitende in Schutzkleidung und mit weißen Hygienehauben auf den Köpfen. Was ein bisschen aussieht wie in einem alten James-Bond-Film, ist eine moderne Anlage mit Wärmerückgewinnungssystem. Im Werksverkauf im Erdgeschoss kann das Ergebnis der Produktion geshoppt werden.

Schon gewusst: Lakritz-Süßigkeiten bestehen zu etwa fünf Prozent aus echtem Lakritz, also aus dem Wurzelextrakt des Echten Süßholz (wissenschaftlicher Name: Glycyrrhiza glabra). Zu viel Glycyrrhizin ist ungesund, deshalb besser nur kleine Portion*jes* genießen. Im Süden Deutschlands, Österreichs und der Schweiz wird Lakritz auch Bärendreck genannt.

Adresse Wetzlarer Straße 96, 14482 Potsdam | ÖPNV S7, Haltestelle Babelsberg, Tram 94, 99, Haltestelle Rathaus Babelsberg, Bus 601, 690, 696, Haltestelle Katjes | Öffnungszeiten Mo–Fr 10–18 Uhr, Sa 10–16 Uhr | Tipp Ein Besuch im Filmpark Babelsberg in der Großbeerenstraße 200 ist einfach … unbeschreiblich. Muss man gesehen haben.

71 Das Naturdenkmal Nr. 52

Der Letzte seiner Art

Der knorrige Geselle ist schätzungsweise 150 Jahre alt. Mit einem Stammumfang von 3,70 Metern und der großen Metallstütze ist der Weiße Maulbeerbaum auf dem Weberplatz ein beeindruckendes Exemplar und der letzte von einst 1.300 Bäumen in Babelsberg. Er gehört zur mittleren Generation der Maulbeerbäume, die in der Zeit von 1820 bis 1880 gepflanzt wurden.

Die größte und bekannteste Anpflanzphase des Morus alba war zu Zeiten Friedrich des Großen. Er überzog sein Königreich mit Plantagen und soll verlangt haben: »Ich wünsche, dass ein jeder Bauer sich damit beschäftige.« Die älteste Maulbeerbaum-Plantage bei Nowawes wurde 1771 angelegt. In ganz Preußen waren es schließlich drei Millionen des aus China stammenden Gewächses. Selbst Friedhöfe ließ der Monarch bepflanzen. Die Blätter der Maulbeerbäume sind die Leibspeise der Seidenraupe. Und die wiederum ist, wie der Name schon sagt, entscheidend für die Produktion des edlen Stoffes. Glänzend und fein. Es war ein ambitioniertes Projekt. Drei Monate im Frühjahr lieferten die Maulbeerbäume die zarten Blätter. Bei spätem Frost war alles futsch. Die Seidenraupen verhungerten.

Friedrichs Nachfolger zeigten weniger Interesse an dem edlen Stoff, und die Bauern, die die Bäume eh nicht mochten, fällten diese. Das Holz verfeuerten sie. Nummer 25 hatte Glück: Der Weiße Maulbeerbaum in Babelsberg ist noch da.

In der »Verordnung zur Festsetzung von Naturdenkmalen« vom 1. Dezember 2005 sind 57 Naturdenkmale auf dem Gebiet der Stadt Potsdam ausgewiesen: vier Findlinge und 53 Gehölze. Zweck dieser Verordnung ist die Erhaltung von außergewöhnlichen Einzelschöpfungen der Natur aus wissenschaftlichen, naturgeschichtlichen, erdgeschichtlichen oder landeskundlichen Gründen. Oder wegen ihrer Seltenheit, Eigenart oder Schönheit. Hach, wie schön. Auf den alten Maulbeerbaum trifft wohl alles zu.

Adresse Weberplatz, 14482 Potsdam | ÖPNV S7, Haltestelle Babelsberg, Tram 94, 99, Haltestelle S-Bahnhof Babelsberg/Wattstraße | Öffnungszeiten immer zugänglich | Tipp Jeden Samstag von 7 bis 14 Uhr stöbern Schatzjäger auf dem Floh- und Bauernmarkt auf dem Weberplatz nach alten Schätzen, Kuriosem und Nützlichem.

72 Der Neidkopf

Giebelfratzen, die schützen

Der hier hoch oben auf dem Dach des Zivilkabinetthauses sieht fast schon harmlos aus. Als Neidkopf werden nämlich fratzenhafte Köpfe von Tieren, Menschen oder Fabelwesen an Häusern bezeichnet. Sie sind meist aus Holz oder Stein. Die Gesichter schneiden Grimassen, haben weit aufgerissene Augen, und oft ist die Zunge zu sehen. Mit ihrer gruseligen Anmutung sollen sie das Böse fernhalten. Das Wort Neid ist abgeleitet vom althochdeutschen *nid* und steht für Hass und Zorn. Bis ins Spätmittelalter lässt sich die Tradition dieses Häuserschmucks zurückverfolgen. Der Ursprung liegt vermutlich in einem keltischen Brauch: die Schädel der Besiegten wurden außen an Bauten angebracht, um weitere Feinde abzuschrecken. Uff. König Friedrich Wilhelm IV. kaufte das Zivilkabinetthaus 1840 und veranlasste diverse Umbauten. Im königlichen »Büro« ließ er sich in zivilen Angelegenheiten beraten.

Der Neidkopf am Henckelschen Haus in der Werner-Seelenbinder-Straße erscheint witterungsbedingt schon etwas fieser: grau, zerfleddert und grün angelaufen. Seit 240 Jahren thront die Fratze am Giebel des schmucken Bürgerhauses. Es ist eines der ältesten erhaltenen Häuser Potsdams. Der bärtige Kollege hat alles im Blick und streckt frech die Zunge heraus. Na, ihr da unten. Seine Aufgabe ist es, die Bewohner des Hauses zu schützen.

Einst trug die Straße den Namen Mammonstraße. Mammon ist ein aus dem Aramäischen entlehnter Begriff und bedeutet Besitz oder Vermögen. Ob hier nur Superreiche lebten, ist nicht bekannt. Auch nicht, ob die Nachbarn vor Neid ganz grün wurden. Oder gelb. Diese Reaktion wird redensartlich mit Neid verbunden und bezieht sich auf die Farbe der Galle. Stress und Ärger können die Ursache sein für einen Gallenstau und die damit einhergehende grüngelbe Färbung der Haut. Manch einer oder eine wird auch ganz blass vor Neid …

Adresse Allee nach Sanssouci 6, 14471 Potsdam | **ÖPNV** Tram 91, 94, Bus 605, 631, X5, Haltestelle Luisenplatz-Süd / Park Sanssouci | **Öffnungszeiten** immer zugänglich | **Tipp** Der jüngste Neidkopf der Stadt ist zwischen erster und zweiter Etage an der Südseite des Rechenzentrums in der Breite Straße zu sehen.

73 Die Neptungrotte

Die 1-Millionen-Euro-Frage

Wie brachte Fernsehmoderator Günther Jauch finanzkräftige Menschen dazu, insgesamt 3,5 Millionen Euro in eine mehr als 250 Jahre alte Grotte zu investieren? Indem er A: einen Spendenlauf organisierte, B: eine Sondersendung moderierte, C: an 100 Haustüren klingelte oder D: mit einer Million Euro voranging. Seit der Restaurierung 2018 sprudelt das Wasser in der Neptungrotte munter über die großen muschelförmigen Marmorschalen herab. Bevor das Wasser floss, floss das Geld. Ach, es plätschert so schön.

Die Ära der Grottenarchitektur entwickelte sich in Preußen als Ausdruck der Lebensfreude nach dem Dreißigjährigen Krieg. Ab Mitte des 17. Jahrhunderts zogen die künstlich angelegten Elemente in den Gartenbau ein und wurden immer beliebter. Es entstand eine richtige Grottenmode. Auch die Architektur feierte sie. Ein gutes Beispiel dafür ist der 600 Quadratmeter große gleichnamige Saal im neuen Palais mit seinen vielen Verzierungen.

Die Neptungrotte ist das letzte Werk des Architekten Georg Wenzeslaus von Knobelsdorff. Das Bauwerk wurde 1757, vier Jahre nach seinem Tod, fertiggestellt. Es ist aus weißem und rosafarbenem schlesischem Marmor erschaffen und im Inneren mit unzähligen Korallen und Muscheln besetzt. Etwa 100.000 sollen es sein. Dazu kommen Bergkristalldrusen. Das sind Hohlräume in Steinen, die mit Kristallansammlungen gefüllt sind. Im Anschnitt werden diese sichtbar und glitzern besonders schön.

Das war nicht immer so. Das Kleinod im östlichen Teil des Parks Sanssouci hatte Pech: Bei einer sicherlich gut gemeinten Baumaßnahme in den 1960er Jahren ersetzte eine Bitumenpappe das kaputte Kupferdach. Wasser drang in den Stein ein. Viele Jahre. Verschlimmbessert. Das dürfte selbst Neptun nicht gefallen haben. Es folgten Jahrzehnte des Verfalls – bis Günther Jauch die Schrottgrotte rettete. Die richtige Antwort ist: D.

Adresse Schopenhauerstraße, 14469 Potsdam | ÖPNV Bus 614, 650, X15, Haltestelle Friedenskirche | Öffnungszeiten täglich 6–20.30 Uhr | Tipp Im Neuen Garten liegt etwas versteckt die Muschelgrotte aus dem späten 18. Jahrhundert. Um den Erhalt kümmert sich der Förderkreis Muschelgrotte im Neuen Garten e.V.

74 Der Nikolaisaal

Kleine akustische Wunder

Optisch ein Genuss, akustisch noch mehr. Hervorstechendes Merkmal des Konzerthauses sind die aus Gips geformten weißen Klangdiffusoren im 725 Besuchende fassenden Großen Saal. Ovale Gebilde, die sich auf den Wandfläche erheben. Die organischen Formen und die geschwungene Decke – alles in strahlendem Weiß – haben eine ganz praktische Funktion: Sie vollbringen kleine akustische Wunder. Unter einem Diffusor versteht man in der Akustik ein Bauelement, durch welches die Schallwellen sowohl quantitativ als auch qualitativ im Raum gleichmäßiger verteilt werden. Der Ton ist so auf den Punkt, so dicht beim Zuhörer, man würde eine Stecknadel fallen hören. Klang mit Klasse. Dabei gilt: Je höher die Körperdichte des eingesetzten Materials, desto besser ist die Schallabsorptionskapazität.

Der futuristische Saal hinter der barocken Fassade überrascht. Seit 2000 ist das so. Und es ist gewollt. Das Konzept der Architekten sah vor, dass Besuchende auf dem Weg zum Konzert zuerst den barocken Bereich durchwandern, dann das Foyer aus den 1930er Jahren durchschreiten und schließlich im modernen Konzertsaal Platz nehmen. Unterschiedliche Lichtsituationen verändern die Atmosphäre des weißen Saales und zaubern verschiedene Stimmungen – je nach Veranstaltung. Als »Hommage an die Musikinstrumente« beschreibt der französische Architekt Rudy Ricciotti selbst seinen Entwurf. Er konzipierte den Nikolaisaal als Konzerthaus für klassische Orchestermusik. Nun, es ist anders gekommen. Von Comedy über Lesungen, Schlager und Travestie bis Klassik steht einiges auf dem Programm.

Die musikalische Tradition an diesem Ort reicht zurück in das Jahr 1909, als der Saal der evangelischen Nikolaikirchengemeinde im Beisein der Kaiserin Auguste Viktoria eingeweiht wurde. Entsprechend des damaligen Zeitgeists war er mit dicken Vorhängen ausgestattet. Das sorgt ja auch für guten Sound. Die heutige Inneneinrichtung hätten Majestäts Ohren sicherlich gefeiert.

Adresse Wilhelm-Staab-Straße 10-11, 14467 Potsdam, www.Nikolaisaal.de | ÖPNV Tram 91, 92, 94, 96, Bus 605, 609, 638, X5, X15, Haltestelle Platz der Einheit/West | Öffnungszeiten Spielplan siehe Homepage | Tipp Beim »Plattengestöber« lädt die Stadt- und Landesbibliothek einmal im Monat alle Interessierten zum Musikhören ein.

75 Die Nordterrasse

Aussicht auf Ruinen

Die Südseite ist das beliebteste Fotomotiv in der Stadt: Schloss Sanssoucis' sonnenbeschienene Rückansicht mit dem berühmten Schriftzug, unter dem sich die ganze Welt knipst. Aber schon mal herumgegangen um Friedrichs »Weinberghäuschen«, wie er selbst den prachtvollen Bau bezeichnete? Auf der Vorderseite befand sich im 18. Jahrhundert die einzige Zufahrt zum Schloss, davor erstreckt sich eine große Terrasse: der Ehrenhof. Er ist eingerahmt von bogenförmigen Kolonnaden aus 88 korinthischen Säulen, die einen Halbkreis bilden. Die Aussicht in Richtung Norden über den Schalenbrunnen auf den etwa 800 Meter Luftlinie entfernten Monopteros und den 23 Meter hohen Normannischen Turm auf dem Ruinenberg ist fantastisch. Stichwort: Blickachse. Der Theaterweg am Schloss Charlottenhof bietet einen Panoramablick mit immer wieder neu inszenierten Bildern, wie in einem Theater. Auf der Nordterrasse ist es ein Standbild, das man lange auf sich wirken lassen kann. Aber was hat es mit den »kaputten« Gebäuden auf sich?

In der zweiten Hälfte des 18. Jahrhunderts wurde die Gartengestaltung freier und emotionaler. Friedrich II. ließ 1748 auf der Kuppe ein Wasserreservoir zur Bewässerung der Fontänen im Park Sanssouci bauen und mit künstlichen Ruinen schmücken, es galt: Drama, Baby, Drama! Künstliche Grotten, Wasserfälle und Teufelsbrücken waren angesagt, dazu altertümliche Bauwerke in unterschiedlichen Verfallsstadien. *OMG*. Das dachte Friedrich vielleicht auch, als die hölzernen Wasserleitungen platzten und die große Fontäne auf dem prächtigen Parterre unterhalb der Terrassenanlagen versiegte. Um die Pflanzen und Fontänen zu versorgen, wird noch heute Havelwasser zum Ruinenberg hochgepumpt und in einem Becken gesammelt, bevor es über ein 70 Kilometer langes modernes Leitungsnetz im Park verteilt wird. Hier auf der Nordterrasse, im Schatten des Doppelsäulengangs, versteht man den Zusammenhang.

Adresse Maulbeerallee, 14469 Potsdam | ÖPNV Bus 614, 650, 697, X15, Haltestelle Schloss Sanssouci | Öffnungszeiten Park täglich 6–20.30 Uhr, Schloss: April–Okt. Di–So 10–17.30 Uhr, Nov.–März Di–So 10–16.30 Uhr, Führungen und Preise unter www.spsg.de | Tipp Auf der obersten Ebene der Weinbergterrassen legen Besucher Blumen und Kartoffeln auf die Grabplatte des Alten Fritz. Darunter befindet sich die Gruft.

76 Die Nutheschlange

Eigenwillige Wohnanlage im »Baller-Stil«

Ein grünes Idyll an der Schnellstraße? Geht das? Die großen Glasfronten und Balkone der Wohnungen sind zum Hof ausgerichtet. Dort gibt es eine Spielstraße, Blumenbeete und einen angelegten Teich. Vom Motorenlärm auf der Nuthestraße bekommt man kaum etwas mit. Die Reihen sind so verwinkelt gebaut, dass sie den Schall beinahe vollständig absorbieren. Praktisch. Mit ihren charakteristischen gebogenen Balkongeländern in Mintgrün und vielen anderen Details wirkt die Anlage wie ein filigranes Kunstwerk inmitten der Stadt und ist typisch für das ausführende Architektenpaar Doris und Hinrich Baller. Die Architektur Hinrich Ballers und seiner Ex-Frau Inken sowie seiner aktuellen Frau Doris – er baute immer mit seinen Partnerinnen – zeichnet sich durch pastellige Fassaden, querstehende Stützen und besagte Balkongitter aus. Sie ist sehr eigen und hat einen hohen Wiedererkennungswert. Fast alle Gebäude befinden sich in West-Berlin. Interessanterweise erfährt der Stil derzeit eine Art Comeback. Besonders die jüngere Generation interessiert sich neben der eigenwilligen Ästhetik für den Aspekt des experimentellen, ressourcensparenden und sozial orientierten Bauens. Im Jahr 2023 zeichnete der Bund Deutscher Architekten (BDA) Inken und Hinrich Baller für ihr gemeinsames Werk bis 1989 aus.

Die Wohnanlage »Nutheschlange« im Zentrum Ost entstand Ende der 1990er Jahre. In verschiedenen Bauabschnitten wurden mehr als 200 Wohnungen errichtet. Zur Anlage gehören mehrere aneinandergereihte Schmetterlingshäuser (Grundriss!), ein Terrassenhaus und 25 einzelne Anglerhäuser, die auf Stelzen stehen. Sanierungsarbeiten begleiten die Bewohnerschaft schon lange. Die Zukunft des Terrassenhauses am Anfang des ungewöhnlichen Wohnkomplexes entlang der Nuthestraße ist ungewiss. Grund sind Schäden am Gebäude, die Kosten für die Reparatur, eine Abrissgenehmigung und ein Rechtsstreit.

Adresse Humboldtring, 14473 Potsdam | ÖPNV Tram 94, 99, Haltestelle Humboldtring/ Nuthestraße | Tipp Ein typischer »Baller-Bau« entstand zur Internationalen Bauausstellung 1987 in Berlin Tiergarten – er steht in der Potsdamer Straße 101.

77_Die optische Täuschung

Verrücktes Pflaster am Johannes-Kepler-Platz

»Am Stern« ist das größte der sieben Potsdamer Neubaugebiete in Plattenbauweise. Zwischen 1970 und 1980 wurde der Stadtteil mit zumeist fünfgeschossigen Bauten und Punkthochhäusern entwickelt. Aktuell leben 17.321 Menschen hier. Die Straßennamen und viele Einrichtungen im Stadtteil zeugen von der Faszination für die Weltraumforschung während der Entstehung des Areals: Sie reichen von Galilei bis Laplace, von Newton bis Leibniz. Ist man hier den Sternen so nah?

Das Herzstück des Stadtteils ist der Johannes-Kepler-Platz. Das Pflaster-Motiv auf dem südlichen Teil der 1.700 Quadratmeter großen Fläche ist der Hammer. Konzentrische Kreise greifen ineinander, 17 sind es mit einem Durchmesser von mehreren Metern. Das Besondere: Die beigen und grauen Gehwegplatten bilden ausschließlich Rechtecke, und gleichzeitig entsteht der Eindruck von Ringen. Eine optische Täuschung! Eine Illusion, bei der wir glauben, etwas zu sehen, was in Wirklichkeit so nicht existiert. Schuld daran ist unser Gehirn. Es versucht Informationen zu ergänzen, die gar nicht da sind. Hier auf dem Platz sind es die verschiedenen Größen der unterschiedlich farbigen Steine und ihre versetzte Anordnung. Es flirrt ein bisschen. Beim Überqueren der weitläufigen Fläche merkt man nix. Aus den oberen Stockwerken der angrenzenden 15-Geschosser wird die ganze Faszination sichtbar. Okay, Google-Maps tut's auch.

Johannes Kepler, geboren 1571, war ein naturwissenschaftliches Multitalent: Astronom, Astrologe, Physiker, Mathematiker und Naturphilosoph. Unter Kaiser Rudolf II. war er in Prag kaiserlicher Mathematiker und Hofastronom. Kepler entdeckte die Gesetzmäßigkeiten, nach denen die Planeten um die Sonne kreisen. Ui. Sie werden nach ihm Keplersche Gesetze genannt. Hier »Am Stern« sind in den nächsten Jahren vier bis zu 60 Meter hohe Häuser geplant. Den Sternen noch näher?

Adresse Johannes-Kepler-Platz, 14480 Potsdam | ÖPNV Tram 92, 96, Bus 601, 690, 694, X1, Haltestelle Johannes-Kepler-Platz | Tipp Abtauchen mit Nostalgie-Feeling gelingt im Kiezbad am Stern, einer sowas von klassischen Schwimmhalle zum Bahnen ziehen. Erfrischend.

78 Der Paradiesgarten

Willkommen im Garten Eden

Nördlich der Maulbeeralle liegt ein Teil des Botanischen Gartens der Universität Potsdam: der Paradiesgarten. Er dient als Lehr- und Schaugarten, gleichzeitig ist er eine Oase der Ruhe inmitten des beliebten und gut besuchten Parks Sanssouci.

Die markante Pergola entlang der Mauer zur Straße hin ist schon von Weitem gut sichtbar. An ihr ranken unterschiedliche Gehölze, auch der Amerikanische Baumwürger. Oha! Direkt dahinter erstreckt sich eine Vielzahl an Beeten mit Kräutern und blühenden Pflanzen. Vertrautes und Unbekanntes. Heimisches und Exotisches.

Am Rhododendronhang wachsen etwa 100 Wildarten und Gartensorten. Teile davon sind Bestandteil der deutschen Genbank Rhododendron und dienen dem Erhalt älterer Arten. Die Vielfalt ist beeindruckend. Im Alpinum führt ein kleiner Pfad hoch und runter zwischen Scheingänseblümchen und Zimmermanns Kuhschelle. Wieder im Tal wächst die Kissen-Aster »Kristina«. Toll ist der aus Vorderasien stammende Woll-Ziest mit seinen dickfleischigen hellgrün bis grau leuchtenden Blättern. Es summt und brummt. Die Bienen lieben ihn. Zu allen Jahreszeiten erblühen im Paradiesgarten Gewächse aus 92 Pflanzenfamilien.

Einst diente er als Hofgärtnerei von Sanssouci: Es wuchsen Früchte und Gemüsesorten für die königliche Tafel und Blumen für die Schloss-Deko. Zentral gelegen ist das von Ludwig Persius 1845/46 nach Vorgaben Friedrich Wilhelm IV. errichtete Stibadium. Je nach Sonnenstand entstehen durch das bunte Glas der Vasen unterschiedliche Lichtimpulse. Der kleine Wellness-Tempel des Königs ist ein Ort der Erholung, bis heute. Während viele Menschen auf den berühmten Terrassen des Schlosses rumhüpfen, ist es hier fast menschenleer. Die wenigen Besuchenden schlendern durch die Anlage. Behutsam. Fast bedächtig. Entschleunigt. Ein Nachmittag im Paradies – wer kann da widerstehen?

Adresse Maulbeerallee 2, 14469 Potsdam | ÖPNV Bus 695, Haltestelle Orangerie | Öffnungszeiten ganzjährig 8 Uhr bis Sonnenuntergang | Tipp Eine luftig grüne Oase mitten in der Stadt ist das Café No. 15 – ein Gartencafé in der Brandenburger Straße. Plätze im schattigen Innenhof sind besonders im Sommer toll.

79 Der Pegelstandanzeiger

Havel hoch, höher, am höchsten

Was ist denn das für ein blau-gelb-rotes Ding? Ein bisschen sieht der historische Pegelstandanzeiger aus wie ein Roboter. Bis 1,1 Meter Höhe steht er im Wasser. Plus minus. Je nach Wasserstand der Havel an dieser Stelle unterhalb der Langen Brücke gegenüber der Freundschaftsinsel. Seit mehr als 200 Jahren wird der Pegelstand der Havel hier gemessen. Nur knapp fünf Monate nach Beginn der Beobachtungen erreichte der Fluss am 26. März 1831 den höchsten dort gemessenen Wert: 251 Zentimeter. Der normale Pegelstand beträgt weniger als die Hälfte. Von der dahinter gelegenen Freundschaftsinsel war damals wohl nicht viel zu sehen. Land unter. Weitere drei Höchststände sind vermerkt, zuletzt führte die Havel im Jahr 2011 ordentlich Wasser. Und heute?

Wer es genau wissen möchte, geht online. Auf der Internetseite der Polizei Brandenburg können unter der Rubrik »Aktuelles« die tagesaktuellen Pegelstände der Märkischen Gewässer und ihre Tendenzen abgerufen werden. Insgesamt sind es 118 Messpunkte. In Potsdam gibt es einen an der Havel. Er liegt etwas weiter nördlich als der historische Pegelstandanzeiger in der Nähe der Feuerwache. Dort befindet sich das Wasserstraßen- und Schifffahrtsamt. Der Pegel-Mittelwert an diesem Punkt liegt bei 97 Zentimetern.

Zurück zum historischen Pegelstandanzeiger. Nun gilt es noch, das ovale Schild mit der merkwürdigen Buchstaben- und Zahlenkombination zu entschlüsseln: PN steht für Pegelnull, die Zahl 28,416 ist eine Höhenangabe, nämlich Meter (m) über (ü) Normalhöhennull (NHN), früher Normalnull, die Angabe der Höhe über dem Meeresspiegel. Die Lange Brücke ist übrigens der älteste bekannte innerstädtische Havelübergang. Bereits 1317 wird hier eine erste Brücke erwähnt. Die heutige Konstruktion ist eine Spannbeton-Balkenbrücke, ergänzt durch eine Parallelbrücke. Irgendwie muss man ja über das Wasser rüber – egal wie hoch es steht.

Adresse Otto-Braun-Platz, Lange Brücke 1, 14473 Potsdam | **ÖPNV** Tram 91, 92, 93, 96, 98, 99, Haltestelle Lange Brücke | **Öffnungszeiten** immer zugänglich | **Tipp** Vorbei an Stadtschloss, Museum Barberini und Nikolaikirche: »SUP the City« ist die urbane Stand-up-Paddling Variante einer Sightseeing-Tour, Infos unter www.sup-trip.de.

80 Die poetischen Bänke

Sometimes you just want to know the story behind …

Namen, Zitate, Gedanken – an mancher Bank steht auf einem Messingschild ein kleiner Text. Seit 2019 können Gartenbänke im Park Sanssouci gesponsert werden. Es ist ein laufendes Projekt des Vereins Freunde der Preußischen Schlösser und Gärten e. V. Für 1.000 Euro wird so an verschiedenen Stellen in den Gärten die Anschaffung einer Bank ermöglicht. Wenn man sonst schon alles hat … *why not*? Auf der Sitzgelegenheit kann, so gewünscht, eine Plakette angebracht werden. Meistens stehen Namen, Geburtstage und Hochzeitstage darauf. Aber nicht immer.

Die »Mami-Bank« steht direkt an der großen Fontäne. Unter dem Titel steht ein Datum. Ich lese die Inschrift und fange an, darüber nachzudenken. Vermutlich ist es Mamis Geburtsdatum. Jahrgang 1939. Respekt. Ist es eine liebevolle Widmung eines Kindes? Oder mehrerer Geschwister? Sitzt die Mami gerne hier? Ist sie Potsdamerin? In meinen Gedanken erscheint eine weißhaarige Frau. Sie ruht sich aus. Ihren Gehstock hat sie neben sich an die Bank gelehnt. Er ist edel. Mahagoniholz. Sie streckt das linke Bein etwas vor. Ach, Mami. Auf Bänken in Parks kann viel geschehen. Wer dort sitzt, mag den Ausblick genießen, über das Leben nachdenken oder in Ruhe ein Buch lesen.

Eine andere Bank widmet sich dem Klassiker unter den Sinnsprüchen »Und jedem Anfang wohnt ein Zauber inne« von Hermann Hesse. Er steht für gravierende Veränderungen im Leben. Welches Ereignis die beiden darunter stehenden Namen wohl verbindet? »Zum Verweilen lad' ich herzlich ein!« begrüßt mich eine andere Bank. Die Widmung auf dem nächsten Sitzmöbel endet mit den Worten: »Außerdem allen Müttern zum Ausruhen.« Mütter sind scheinbar ein starkes Motiv für eine Bank in Sanssouci. Ich will auch eine. Da sitze ich dann eines Tages und lehne meinen Gehstock an die Sitzfläche. Ruhe aus und beobachte die Menschen, deren Geschichten ich nicht kenne.

Adresse An der großen Fontäne, Maulbeerallee, 14469 Potsdam | ÖPNV Bus 614, 650, 695, 697, X15, Haltestelle Schloss Sanssouci | Öffnungszeiten täglich 6–20.30 Uhr | Tipp Poetry Slam mal anders: Beim Babelsberger Würfelslam im Café Kellermann entscheiden die Jurymitglieder aus dem Publikum – und ein Würfel! – über Erfolg und Niederlage.

81 Die Potsdame

Das größte Wandbild der Stadt

Wild, bunt, oftmals nicht legal werden Wandflächen zu Leinwänden der Streetart. Im Markt-Center entschied das Management: wenn, dann richtig, und beauftragte ein großes Wandbild. Farbenfroh sollte es sein und bei der Vermeidung weiterer unerwünschter »Verschönerungen« helfen. Seit 2019 prangt die Potsdame nun auf 750 Quadratmetern Fläche und bedeckt fast die komplette Westseite des Gebäudes. Damit ist sie derzeit das größte Wandgemälde der Stadt. Knallig bunt setzt das Mural die lange Tradition der Kunst im öffentlichen Raum fort. Geschaffen wurde es vom Sprühsinn-Duo Benjamin Braune und Lino Meyer, zusammen mit der Kommunikations-Designerin Anna Albert.

Ein Graffito ist per Definition eigentlich eine in eine Wand eingeritzte Inschrift. Die gesprühte und am weitesten verbreitete Variante ist das Style-Writing: große Schriftzüge aus Buchstaben und Zahlen. Anfang 1972 begannen einzelne Künstler, ihre Signatur dicker zu schreiben und mit einer andersfarbigen Linie zu umranden. Nur kurze Zeit später tauchten auch flächendeckende Bilder auf. Godfather of Murals in unserer Region ist der 2021 verstorbene Künstler Ben Wagin. Sein 1975 entstandenes Wandgemälde »Der Lebensbaum« am S-Bahnhof Tiergarten gehört zu den ältesten Streetart-Werken Berlins, ist aber leider nicht mehr zu sehen.

Es klappt. An der Breiten Straße wird die Potsdame respektiert. Wer genau hinschaut, findet in ihrer Bekleidung einige Sehenswürdigkeiten wieder: Treppen am Havelufer und das Dampfschiff »Gustav« sind zu sehen, außerdem die umliegenden Hochhäuser. Deren kräftige Farben von Gelb bis Orange fließen in das lebendige XXL-Bild ein, zusammen mit dem komplementären Türkis der Fensterrahmen und Türen des Markt-Centers. Überdies soll die Riesin an der Hauswand ein Zeichen setzen, indem sie den weiblichen Anteil der Stadt repräsentiert, die sonst meist mit Männern assoziiert wird.

Adresse Breite Straße 25–27, 14471 Potsdam | ÖPNV Tram 91, 94, Bus 605, 631, Haltestelle Feuerbachstraße, Bus 695, Haltestelle Naturkundemuseum | Öffnungszeiten immer zugänglich, Markt-Center Mo–Sa 10–20 Uhr | Tipp Ihr wollt kreativ werden? Im »Einfalls Pinsel« in der Garnstraße 24 bekommt ihr alles, was das Künstlerherz mit Hang zum Bastelspaß begehrt: Knetmasse, Kleber, Pinsel, Papier.

82 Das Potsdamer Ei

Stadtleuchte mit Jeschichte

Die Frau hält die Kamera vor der Brust, bereit sie hochzunehmen und das nächste Foto zu schießen. »Kann ick Ihnen irjendwie helfen?«, fragt die Dame um die siebzig, die ihr entgegenkommt. »Nö, ich warte nur, bis Sie mit Ihrer knallgelben Jacke aus dem Bild sind«, antwortet die Fotografierende. Die Frau entgegnet: »Verstehe, schicke Lampen, wa!«, und geht weiter. Ja, schick sind sie, die Laternen mit den ovalen Opalglas-Leuchten. Und sie tauchen die Straße in ein angenehmes Licht.

Die Potsdamer Eileuchte entstand 1929. Damals sollten auf der Breiten Brücke Lampengläser nach historischem Vorbild installiert werden. Als Laternenträger dienten sechs opulente Sandsteinfiguren. Weitere Exemplare der neu gefertigten Glasglocken wurden auf den gusseisernen Echsenmast gesetzt. So entstand eine neue Straßenlaterne, die bis heute Potsdams Straßen erhellt. Echsen? Ja, genau. Direkt unterhalb der Leuchte hocken drei kleine Drachenwesen.

Die Straßenlaternen bekamen den liebvollen Kurznamen »Ei«. Der Grund ist offensichtlich. Daneben etablierte sich im Potsdamer Straßenbild die sogenannte Schinkelleuchte. Eine klassizistische Laterne mit sechs schrägen, trapezförmigen Gläsern und einem einfachen Mast. Sie wurde erstmals 1912 aufgestellt. Am Alten Markt überrascht eine Mischform der beiden Laternenarten: Auf dem Echsenmast der Eileuchte sitzt eine Schinkelleuchte. Zehn der Kombi-Straßenlampen tragen ein preußisches Königskrönchen obenauf.

Ganz anders sieht die anthrazitfarbene, glatte Metallsäule am Otto-Braun-Platz aus. Es ist die erste öffentliche Beleuchtung mit LED-Technik. Inzwischen gibt es mehr als ein Dutzend verschiedene Laternenarten in der Stadt. Übrigens: Die Stahnsdorfer APAC Aluminiumgießerei bietet das Potsdamer Ei als Standleuchte oder Wandarm an. Kannste koofen. Oder in der Brandenburger Straße ein Foto knipsen.

Adresse Brandenburger Straße, 14467 Potsdam | ÖPNV Tram 92, 96, Haltestelle Brandenburger Straße | Tipp Beim Stadt-Event »Unterwegs im Licht« erstrahlt Potsdams Mitte in leuchtenden Farben. Das Lichterspektakel findet immer im Januar statt.

83 Der Reiherbergblick

Aussicht in Golm

Einer Sage nach soll ein Riese den Sand aus seinem Beutel verloren haben, als er sich erschreckte – und so entstand der Reiherberg im Potsdamer Ortsteil Golm. Schuld war ein Schwarm Reiher, der den Hünen umkreist hatte. Nun, wahr oder nicht, der Aufstieg auf den 68 Meter hohen Berg lohnt sich. Von der schönen Aussichtsplattform geht der Blick in Richtung Westen bis zur Havel und dem rot-weißen »Ketchup-Turm« in Werder. Ganz rechts liegt der Zernsee.

Golm bedeutet so viel wie »Hügel«. Die älteste urkundliche Erwähnung stammt aus dem Jahr 1289, und das Wappentier ist ein Reiher. Die langbeinigen grauen Vögel fanden in den Mooren der Region beste Bedingungen und sind bis heute hier anzutreffen. Eine schöne Geschichte um Reiher Ron spinnt eine digitale Stadtteilführung, die zwei Studenten entwickelten. Der Gedanke: Täglich pendeln zahlreiche Mitarbeitende des Potsdam Science Parks und Studierende nach Golm. Doch kennen sie die Geschichte des Stadtteils? Der Reiherbot entstand. Das interaktive Abenteuer liefert auf einem Rundweg, inklusive Aufstieg auf den Reiherberg, Infos. Kleine Knobeleien, Fotochallenges und Sprachnachrichten machen die etwa 90-minütige Tour spannend. Alles kostenlos über den Messangerdienst WhatsApp.

Am Fuße des Reiherbergs liegt die Alte Dorfkirche Golm, Potsdams ältestes Gebäude. Seit der Eingemeindung Golms nach Potsdam im Jahr 2003 darf sie sich mit diesem Titel schmücken. Das kleine Gotteshaus hat seinen Ursprung im 13. Jahrhundertund wurde immer wieder umgebaut und erweitert. Doch nanu, der kleine Bau teilt sich den Kirchhof mit einem zweiten Gotteshaus. Das größere Backsteingebäude ließ Friedrich III. 1883 bis 1886 errichten. Im Turm der Kaiser-Friedrich-Kirche nisten schon seit vielen Jahren Vögel. Keine Reiher, aber Dolen. Dafür gab es eine Auszeichnung vom NABU. Die Plakette befindet sich neben der Pforte an der Nordwestseite.

Adresse Reiherberg, Geiselbergstraße, 14476 Potsdam | ÖPNV RB 20, 21, 22, 23, Haltestelle Golm, Bus 695, Haltestelle Kirche Golm, Bus 698, Haltestelle Weinmeisterstraße | Tipp Von der »Storchenbank« neben der Kaiser-Friedrich-Kirche kann man zwischen Juni und August die Vögel im gegenüberliegenden Nest beobachten.

84 Die Ringerkolonnade

Zurück an alter Stelle

Nun ja, da steht halt so ein olles Ding. In Potsdam nüscht Neuet. Doch eines Tages blieb ich stehen. Trotz seines schwarz verfärbten Sandsteins leuchtete das imposante Bauwerk in der herbstlichen Nachmittagssonne. Die 2013 rekonstruierte Stadtschlossfassade hielt mit ihrem satten Farbton dagegen. Toll sahen die Konkurrenten aus, die eigentlich zusammengehören.

Kurfürst Friedrich Wilhelm ließ das neubarocke Schloss 1662 bis 1674 bauen. Im Zuge des Umbaus durch Friedrich II. entstand 1745/46 die Ringerkolonnade. Sie verband Schloss und Marstall und trennte damit den königlichen Bereich von der bürgerlichen Stadt. Das Pendant bildete die Havelkolonnade. Sie wurde im Zweiten Weltkrieg zerstört. Von der Ringerkolonnade blieb ein großes Teilstück erhalten, das Anfang der 1960er Jahre zerlegt und zwischengelagert wurde. Aber wohin mit so einem Trumm? Bei der Neugestaltung des Hafenbeckens 1969 wurde die Kolonnade entlang der Havel aufgestellt. Doch sie wurde baufällig und teilweise entfernt. Schließlich zog sie zurück an ihren ursprünglichen Standort. Seit 2016 steht die Ringerkolonnade wieder da, wo Friedrich der Große sie einst haben wollte. Von den 14 Säulenpaaren sind noch sieben erhalten. Mit Blick in Richtung Nikolaikirche fehlt links ein größerer Teil zum Marstall hin. Rechts ist eine Lücke zum Landtagsgebäude. Schon damals gab es dort einen Fußgängerdurchgang, heute ist es Vorschrift. Die Fläche muss für die Feuerwehr frei bleiben.

War der Säulengang beim Umzug noch »nackt«, kehrten nach und nach auch die Schmuckelemente zurück. Seit April 2021 zieren vier Putten und drei Vasen die Attika. Die ersten der namensgebenden Großplastiken zwischen den Säulenpaaren, die Ring- und Fechtkämpfe darstellen, folgten. Acht waren es einmal. Heute rangeln schon vier. Schaut sie euch in Ruhe an. So wird die Ringerkolonnade ein Ort zum Verweilen.

Adresse Am Alten Markt, 14467 Potsdam | ÖPNV Tram 91, 92, 93, 96, 98, 99, Bus 604, 605, 614, 631, 638, 650, X15, Haltestelle Alter Markt/Landtag | Öffnungszeiten immer zugänglich | Tipp An der Langen Brücke steht seit 1969 das erste Hochhaus Potsdams. Der 17-Geschosser war schon immer ein Gästehaus: erst Interhotel, heute Mercure Hotel.

85_Das Rittergut Satzkorn

Mit königlicher Hilfe

Das Rittergut Satzkorn befand sich ab 1416 mehrere Jahrhunderte lang im Besitz der Familie von Hünicke. Im Jahr 1739 verkaufte Cuno von Hünicke es an den Chirurgen Friedrich Brandhorst. Ein Bürgerlicher in einem Gutshaus? Der Adlige weigerte sich zunächst, doch der Bürgerliche war Leibarzt des Königs. Friedrich Wilhelm I. sorgte wohl dafür, dass der Kauf vonstattenging. Der Legende nach soll er einen Strohmann als Käufer eingesetzt haben. Als dies bekannt wurde, sei von Hünicke über die Trickserei derart verärgert gewesen, dass er starb. Es heißt, er spuke nachts als dreibeiniger Hase im Dorf herum. Nun, Friedrich Brandhorst ließ noch 1739 abreißen und neu bauen und erhielt dafür vom Monarchen weitere Unterstützung in Form von Baumaterial. Für umme. Also ran ans Werk. Es entstand das heute noch vorhandenen Gutshaus mit barocken Formen, dennoch blieb es ein Rittergut. Bereits 1740 verstarb Friedrich Brandhorst.

Bis zur Enteignung nach dem Zweiten Weltkrieg war das Rittergut im Familienbesitz der Brandhorst-Satzkorn. 1950 erfolgte die Übergabe an das Volkseigene Gut (VEG) Satzkorn. Man konzentrierte sich auf den Obstanbau. Von 1991 bis 2019 stand das Gutshaus leer und war massivem Verfall ausgesetzt. Damit ist jetzt Schluss. Am Gutshaus wird fleißig gewerkelt, aber dauern wird es wohl noch ein Weilchen … Wenn die große Baustelle auf dem Hof beendet ist, können Feriengäste eines der Gutshofapartments mieten.

Bereits eröffnet ist hier in Potsdams Norden ein Historischer Landschaftsparcours mit 15 Standorten. Sie sind mit verschiedenen Radrouten verbunden. Das Rittergut Satzkorn ist Teil davon, als Start- und Endpunkt der mittleren Route. Der Rundweg führt auf 16 Kilometern über insgesamt sieben Stationen. Sehenswert ist die 1758 erbaute und 1798 an die heutige Stelle umgesetzte Bockwindmühle. Von den ursprünglich drei Mühlen in Fahrland ist sie die letzte, derzeit noch ohne Mühlenblätter.

Adresse Satzkorn, Dorfstraße, 14476 Potsdam | ÖPNV Bus 609, Haltestelle Dorfstraße/ Königsweg | Öffnungszeiten von außen zu besichtigen | Tipp Auf dem kleinen idyllischen Friedhof der Dorfkirche befindet sich das Grab der Familie Brandhorst-Satzkorn.

86 Das Schaudepot des Filmmuseums

»Und bitte!«

Der Gebäudegrundriss gleicht einer Filmklappe. Na sowas! In dem Sammlungsneubau gegenüber der Filmuniversität Babelsberg sind die umfassenden Bestände des Filmmuseums Potsdam zu Hause. Der Clou: Mit dem Schaudepot werden erstmals etwa 600 bisher nicht ausgestellte Objekte für die Öffentlichkeit zugänglich.

Nummerierte Vitrinen, Regale und große Planschränke zeigen Originale. Die Präsentation veranschaulicht, wie in einem Archiv gearbeitet wird. Wir dürfen reingucken. Auch in die Schubladen. Ausprobieren und sogar eine Kleinigkeit mitnehmen gehört auch dazu, nämlich ein Stückchen Filmstreifen als Anschauungsmaterial für die Generation-Digital. Oder die Generation-Sentimental.

Schon am Eingang empfängt die Besuchenden ein sieben Meter hoher Kamerakran aus dem Jahr 1949. Zur Sammlung gehören insgesamt 2.000 Objekte aus dem Bereich Filmtechnik, darunter Kameras, Beleuchtungstechnik und tricktechnische Apparaturen. Dazu kommen 15.000 Gegenstände aus dem Bereich Szenenbild. Einige Kopien großer Kunstwerke beispielsweise präsentiert das Schaudepot an seiner »Fälscherwand«. Schließlich schöpft es aus der etwa 25.000 Objekte umfassenden Sammlung Werner Nekes für den Bereich Precinema. Die geschlossenen Depots beherbergen Nachlässe von etwa 250 Filmschaffenden. Bei unterschiedlichen Temperaturen lagern weitere Schätze wie etwa 20.000 Filmkopien. Teilweise ist es dort bis zu vier Grad kalt.

Das Filmmuseum Potsdam, ein Institut der Filmuni, ist das älteste Filmmuseum mit eigenen Sammlungen in Deutschland. Am Standort in der Innenstadt werden in Dauer- und Wechselausstellungen interaktiv und mit Original-Exponaten Einblicke in die Welt des Films sowie in die Geschichte der Filmstudios in Babelsberg gewährt. Ein Kino gibt es auch. Kiekt doch mal rinn!

Adresse Marlene-Dietrich-Allee 12, 14482 Potsdam, www.filmmuseum-potsdam.de | ÖPNV S7, Haltestelle Griebnitzsee, RE7, RB37, Haltestelle Medienstadt Babelsberg, Bus 601, 690, Haltestelle Kleine Straße | Öffnungszeiten siehe Homepage | Tipp Das Hauptgebäude des Filmmuseums ist der Marstall, Breite Straße 1A, ein ehemaliger preußischer Reitpferdestall. Er wurde 1685 erbaut und ist das älteste erhaltene Gebäude in Potsdams Innenstadt.

87_Der Schlaatz

Masterplan für die Platte

»Vom Sumpf umgeben«, das ist die Übersetzung des slawischen Wortes. Einst schlängelte sich die Nuthe durch ein Sumpfgebiet. Davon ist hier, in der Plattenbausiedlung aus den 1980er Jahren, allerdings nichts mehr zu sehen. Fast 10.000 Menschen leben im Schlaatz. In ganz Potsdam sind es aktuell 187.310 Einwohnerinnen und Einwohner, Tendenz steigend. Die Landeshauptstadt boomt, das ist heute so wie damals. Also heißt es zusammenrücken und den Stadtteil voranbringen. Mit Engagement und einem Masterplan bis 2030 soll die Platte zu einem Lebensort werden, wo Menschen gerne ankommen und bleiben. Konkret bedeutet das: Ergänzung und Umbau der Gebäude, bis zu 1.800 neue Wohnungen sollen entstehen, außerdem Fahrradwege angelegt, Flächen entsiegelt und 500 Bäume gepflanzt werden. Klingt dufte. Der Masterplan bildet das Grundgerüst für die Entwicklungen der nächsten 30 bis 40 Jahre.

Zurück in die 1980er. Die Sechsgeschosser entstanden in Montagebauweise WBS70. Die Plattenbauten waren nicht wie üblichen betongrau, sondern bunt dank verschiedenfarbigem Splittvorsatz. Runde Bilder an den Fassaden, die sogenannten Giebelbroschen, stellten den Bezug zu den Straßennamen her. An ihnen lassen sich die Bauphasen ablesen. Zuerst kam -horst, dann -hof und schließlich -kiez. Die Greifvögel machten den Anfang: Milanhorst, Falkenhorst, Sperberhorst. Danach übernahm die Flora: Wiesenhof, Erlenhof, Pappelhof, Weidenhof. Zum Schluss folgten die Nagetiere: Otterkiez, Wieselkiez, Biberkiez, Bisamkiez. Heute wird nach und nach saniert, dabei werden die namensgebenden Mosaike an den Hauswänden teils wie im Original aus kleinen Steinchen gesetzt, andere werden kostengünstiger aufgemalt. Einzigartig sind sie in jedem Fall. Für einen älteren Herrn nicht. Er ist Mieter der ersten Stunde – 1985 zog er ein und nie um. Er schmunzelt über mein Interesse. Eine schöne Begegnung.

Adresse Bisamkiez 2, 14478 Potsdam | ÖPNV Tram 91, 92, 93, 96, 98, 99, Haltestelle Bisamkiez | Tipp Auf dem Workout-Platz in der kleinen Grünanlage hinter dem Bürgerhaus könnt ihr euch fit halten und direkt an der Nuthe draußen Sport treiben. Für lau.

88 Der Schlauchtrockenturm

Wasser marsch!

Den Standort von Feuerwehren erkennt man meist an den hohen Türmen, die neben den Gerätehäusern stehen. Es sind die Schlauchtrockentürme. Einen solchen Turm gibt es auch in Potsdam in der Hauptfeuerwache an der Holzmarktstraße. Der Grundstein zum Bau des neuen Gebäudes wurde 2007 gelegt, Anfang 2010 zogen die Einsatzkräfte und ihre Einsatzfahrzeuge ein. Die 90 Meter lange Fahrzeughalle hat 18 Torausfahrten zur Straße und genauso viele auf der gegenüberliegenden Seite. Dahinter stehen die Notarzteinsatzfahrzeuge, Gerätewagen, Rettungswagen und verschiedene Löschfahrzeuge bereit.

Die Wartung und Reparatur der Ausrüstung übernehmen die Gerätewarte. Die Wasserschläuche werden nach jedem Einsatz, bei dem sie benutzt wurden, in der Schlauchwaschanlage gereinigt. Kernstück der Anlage ist eine elektronisch gesteuerte »Waschmaschine«, durch die die Schläuche gezogen werden. Dabei kommen mehrere tausend Liter Wasser zum Einsatz. Es wird aufgefangen und aufbereitet. »Hier jeht nüscht verloren«, so ein Feuerwehrmann lachend. Es folgt eine Kontrolle auf undichte Stellen, und dann geht es ab zum Trocknen. Der Schlauch- und Übungsturm ist 25 Meter hoch – fünf Meter mehr als eine Standardschlauchlänge. Bis zu 80 Schläuche werden in eine Vorrichtung gehakt und hochgezogen. Wieder trocken werden sie aufgerollt beziehungsweise in Schlauchbuchten verpackt und kommen auf die Löschfahrzeuge. Auf der Rückseite des freistehenden Turms befindet sich ein Treppenhausaufgang für Trainingszwecke. Die fünf Etagen in voller Montur erklimmen – das, pardon, schlaucht. Die Ausrüstung wiegt inklusive Atemschutzgerät bis zu 45 Kilogramm.

Die Berufsfeuerwehr Potsdam wurde am 1. Oktober 1862 gegründet. Die älteste Berufsfeuerwehr Deutschlands ist die Berliner Feuerwehr von 1851. Übrigens, wer den Feuerwehrschlauch erfand, erfahrt ihr bei Ort 45.

Adresse Holzmarktstraße 6, 14467 Potsdam | ÖPNV Tram 93, 94, 99, Haltestelle Holzmarktstraße, Tram 94, 99, Haltestelle Schiffbauergasse/Uferweg | Öffnungszeiten von außen gut sichtbar | Tipp Von der Humboldtbrücke aus ist der Schlauchtrockenturm sehr gut und komplett zu sehen, die Turmspitze der Residenz Heilig-Geist-Park und der Hafen der Wassertaxis auch.

89 Das Schmetterlingshaus

Flatternde Vielfalt hautnah

24 Grad Celsius Lufttemperatur, Wasserfall und Vogelgezwitscher. Dazu Bambus und Palmen, die bis unter die Decke ragen. Und die ist immerhin 14 Meter hoch. Mitten in Potsdam ist in der Biosphäre auf 5.000 Quadratmetern ein tropischer Regenwald gewachsen. Das 60 Quadratmeter große, begehbare Schmetterlingshaus ist ein kleiner, aber faszinierender Teil davon.

Durch eine Schleuse geht es in das bunte Treiben. Etwa 20 verschiedene Arten leben hier. Atlasfalter, Mormone, Mondspinner. Irgendeiner flattert immer umher. Anfassen darf man die filigranen Wesen nicht. Doch wer ganz ruhig stehen bleibt, kann mit etwas Glück einen besonderen Moment erleben: Ein Schmetterling setzt sich auf den Arm. Leuchtend blau. Ein Himmelsfalter. Er ist ein Schmetterling aus der Familie der Edelfalter. Der Blaue Morphofalter, wie er auch heißt, kommt in Mexiko und Mittelamerika vor sowie auf den Inseln des Karibischen Meers. Hallo in Potsdam. Seine Unterseite zeigt Augenflecken. Die falschen Augen verwirren Räuber. Manche Falter setzen auf Mimikry, sie ahmen andere beispielsweise giftige Tiere nach. Schmetterlinge haben viele Fressfeinde. Warum sind sie hier so zutraulich? Die Tiere mögen das Salz auf der Haut. Und bunte T-Shirts. Die Farben lassen sie denken, es könnten schmackhafte Blüten sein. Am besten nicht bewegen und genießen.

Vor dem Schlupf eines wunderschönen Falters steht das Verpuppen der Raupe, die wiederum aus einem winzigen kleinen Schmetterlingsei hervorkommt. Die verschiedenen Stadien der Falter sind in der Biosphäre zu sehen, während 50 bis 80 Tiere munter umherfliegen. Das macht Spaß. Die Schmetterlinge bilden nach den Käfern die artenreichste Insekten-Ordnung. Und es werden immer wieder neue Arten entdeckt. Im südlichen Kroatien fanden Forschende den Dalmatinischen Winterspanner. Er sieht ein bisschen aus wie ein Pokémon.

Adresse Georg-Hermann-Allee 99, 14469 Potsdam, www.biosphaere-potsdam.de | ÖPNV Tram 96, Haltestelle Volkspark | Öffnungszeiten Mo–Fr 9–18 Uhr, Sa, So, Feiertage 10–19 Uhr | Tipp Lasst die Scheibe fliegen: Der Discgolf-Parcours im Volkspark hat 15 »Löcher«, die hier natürlich Bahnen heißen und Körbe mit Stahlketten sind.

90 Das Schweizer Haus

Holladiooo!

Holzhaus? Nee. Dit war 'n juter Maler. Man muss schon zweimal hingucken, um festzustellen: Die Fassade ist verputzt und die Holzoptik nur aufgemalt. Zuerst wurde eine helle Grundierung aufgebracht, dann mit einer Schablone und einem dunkleren Farbton die charakteristische Holzmaserung aufgepinselt. Tromp l'oeil. Täusche das Auge. Die denkmalgeschützte Villa aus den 1860er Jahren ist eines von vier noch erhaltenen Schweizer Häusern des Prinzen Carl von Preußen und Teil des UNESCO-Welterbes. Eingebettet in eine idyllische Umgebung vis-à-vis des Parks Babelsberg am Pattengraben gelegen. Das Nachbarhaus steht zum Verkauf. Das passende Budget von knapp 2,5 Millionen Talern – pardon Euro – vorausgesetzt, erfüllt sich für die Käuferin oder den Käufer der Traum vom königlichen Wohnen auf 400 Quadratmetern Fläche. Wer jetzt das flotte Sümmchen nich uff Tasche hat, genießt den Spaziergang vorbei am Haus mit alpenländischem Charme.

Prinz Carl von Preußen, der dritte Sohn von König Friedrich Wilhelm III. und Königin Luise, ließ von 1863 bis 1867 insgesamt zehn Häuser im Schweizer Stil errichten. Peter Joseph Lenné war mit der Landschaftsgestaltung beauftragt. Der Prinz hatte ein Faible für die Alpenregion. Damit lag er voll im Trend des ausgehenden 19. Jahrhunderts. Alle liebten die Schweiz, wohl wegen ihrer Naturverbundenheit als Gegenmodell zur beginnenden Industrialisierung. Was liegt also näher, als sich die malerische Landschaft vor die Haustür zu bauen? Der Böttcherberg erhebt sich immerhin 67 Meter über Normalnull. Für Potsdamer Verhältnisse gar nicht übel. Hier ließ Carl von Preußen mit Flora, Felsen und Gebirgsbach seine kleine Schweiz bauen, in der er mit seinem Bruder Friedrich Wilhelm IV. wandelte. Ob sich der Besitzer des Jagdschlosses Glienicke und der Eigentümer des Schlosses Babelsberg dabei im Jodeln versuchten? Nicht überliefert.

Adresse Waldmüllerstraße 7B, 14482 Potsdam | ÖPNV Bus 616, Haltestelle Schloss Babelsberg | Öffnungszeiten von außen immer zugänglich | Tipp Königlich Schlafen kann man im Parkchâlet Potsdam in der Louis-Nathan-Allee 9. Die moderne Interpretation eines Schweizer Hauses ist ein Neubau auf den einstigen Grundmauern.

91 Die Seerose

Prunkstück der Ostmoderne

Acht Betonblätter hat sie, sechs Meter hohe Bögen, die sich am Havelufer wölben. Das markante Gebäude entstand 1983 nach mexikanischem Vorbild. Ja, im 9.700 Kilometer entfernten Xochimilco im Süden von Mexiko-Stadt hatte der Ingenieur Félix Candela bereits 1958 ein ganz ähnliches Gebäude entworfen. Das dortige Café »Los Manantiales« diente als Vorbild für die Seerose. Die Planung übernahm Architekt Dieter Ahting, die auffällige Dachkonstruktion entwickelte der Ingenieur Ulrich Müther. Stichwort: hyperbolische Paraboloidschale, kurz Hyparschale. Wer jetzt nur Bahnhof versteht – ab in den Matheunterricht, da haben wir etwas über Geraden, Hyperbeln und Parabeln gelernt. Diese Formen ergeben die regelmäßig doppelt gekrümmten Flächen des avantgardistischen Dachs. Die mathematische Formel dazu lautet: $z = x^2 - y^2$. Ein bekanntes Online-Lexikon erklärt das Prinzip so: »Eine runde oder rechteckige Fläche wird von zwei gegenüberliegenden Tiefpunkten nach unten gekrümmt, während zwei sich gegenüberliegende Hochpunkte diese gebogene Fläche gegenläufig nach oben krümmen.« Ergebnis: Eine Sonderform des Satteldachs entsteht. Sie wurde Müthers Markenzeichen. Er gilt als Pionier des Schalenbetonbaus und erarbeitete im Laufe von 30 Jahren 70 Schalentragwerke.

So weit die Theorie, in der Praxis der 1980er Jahre entstanden die einzelnen Betonschalen direkt vor Ort. Die Mega-Blüte hat ordentlich Gewicht. 104 Betonpfeiler stecken im sumpfigen Untergrund, um die Seerose zu tragen. In der ehemaligen Kult-Gaststätte ist heute ein italienisches Restaurant. Gemütlich kann man mit einem Aperol Spritz am Wasser sitzen und sich Pizza und Pasta schmecken lassen. Die Abendsonne glitzert auf der Havel.

Übrigens: Das spanische Wort *manantiales* bedeutet Federn. Ein ziemlich poetischer Name für knallharten, konstruierten Beton. Ebenso wie Seerose.

Adresse Breite Straße 24, 14467 Potsdam | ÖPNV Tram 91, 94, Bus 605, 631, Haltestelle Feuerbachstraße, Bus 695, Haltestelle Naturkundemuseum | Öffnungszeiten immer zugänglich, Restaurant Seerose Di–Fr 12–22 Uhr, Sa 12–23 Uhr, So 12–22 Uhr | Tipp Startet an der Seerose zu einem wunderschönen Spaziergang an der Havel – bis nach Ferch. Dort könnt ihr auch noch über den Schwielowsee schippern.

92 Die Stadtmauer

Bis dorthin und nicht weiter!

Meist diente eine Befestigungsanlage dem Schutz der Stadt vor Angreifern. Nicht so in Potsdam. Die Stadtmauer hatte einen anderen Zweck: Sie sorgte dafür, dass dem Soldatenkönig seine Langen Kerls nicht abhauen. Dünnemachen wollten sie sich. Doch warum? Ist es nicht eine mega Ehre, zu den Auserwählten für die königliche Leibgarde zu gehören?

Das Gardemaß von sechs Fuß bedeutete eine Körpergröße von knapp 1,90 Meter, was zu damaliger Zeit eher eine Seltenheit war. Es war schwierig, genügend geeignete Kandidaten zu finden. Die großen Männer wurden zwar mit Geld und Landgeschenken bei Laune gehalten, dennoch waren nicht wenige von ihnen unfreiwillig in Preußen. Friedrich Wilhelm I. ließ sie aus anderen Ländern mit falschen Versprechungen rekrutieren. Sogar als königliche »Tauschware« mussten sie herhalten. Auf Bitte der Zarin Anna ließ Friedrich Wilhelm I. Waffenschmiede gewaltsam nach Russland bringen, im Gegenzug bekam er vier hochgewachsene junge Männer geschickt. Immer wieder rebellierten Zwangsverpflichtete, indem sie Brände legten oder bewaffneten Widerstand leisteten. Die Strafen für die Deserteure: Erhängen, Ohrenabschneiden, bis zu 30-mal die Straße auf und ab laufen oder lebenslange Verbannung nach Spandau. Mit dem Bau der Stadtmauer ab 1722 sollten die Soldaten an der Flucht gehindert werden. Der Name des Bauwerks: Accise- und Desertations-Kommunikation.

Ein 160 Meter langes saniertes Teilstück ist in der Großen Fischerstraße noch erhalten. Die Höhe von 3,70 Metern konnte auch ein Langer Kerl nicht ohne Hilfsmittel überwinden. Außerdem gab es einen praktischen Nebeneffekt: Steuern kassieren, damals hieß es Akzise, wurde dank der begrenzten Zugänge durch die Tore leichter. Zwei Fliegen mit einer Klappe. Friedrich II. löste die Riesen-Garde nach seinem Amtsantritt 1740 aus Kostengründen auf. Er maß fünf Fuß und zwei Zoll (1,62 Meter).

Adresse Große Fischerstraße 11, 14467 Potsdam | ÖPNV Tram 93, 94, 96, Haltestelle Burgstraße/Klinikum | Tipp Das Kellertor, benannt nach der zum kurfürstlichen Weinkeller führenden Kellerstraße (heute: Heilig-Geist-Straße), war eines von insgesamt zehn historischen Stadttoren. Vier sind noch erhalten: Kellertor, Jägertor, Brandenburger und Nauener Tor.

93_Steinstücken

Eine West-Berliner Exklave

Es ist Sommer 1977. Laut ist es. Der Motor der Buslinie 18 brummt gewaltig und pustet durch das Gitter warme Luft in ihr Gesicht. Sie ist vier Jahre alt, ein Familienausflug nach Steinstücken. Los jeht's. Ab Königsweg geht es ohne Halt durch auf der schnurgeraden Bernhard-Beyer-Straße. Hinter den schmalen Fenstern der faltbaren Autobustüren rauscht die graue Landschaft vorbei. Mauer.

Nach dem Viermächteabkommen für Berlin entstand 1972 die ständige und freie Zufahrt zur zwölf Hektar großen Exklave. Ein 900 Meter langer und 100 Meter breiter Korridor verband Steinstücken und West-Berlin. Links und rechts eingefasst von DDR-Grenzsicherungsanlagen, die die komplette Siedlung umgaben. Für die Bevölkerung, etwa 200 Personen, waren bis dahin Grenzkontrollen Alltag. Besuche waren verboten. Selbst Lieferanten mussten eine Meldebescheinigung über einen Zweitwohnsitz in Steinstücken vorweisen. Zum Schutz der dort lebenden Menschen waren seit dem Mauerbau 1961 drei US-Soldaten in der einzigen bewohnten Exklave West-Berlins stationiert worden. Die GIs sorgten für eine Mini-Luftbrücke mit Hubschraubern, jeden Freitag flog eine Maschine ein. Mit Öffnung der Verbindung über die Straße kamen die Jeeps der Alliierten und die Neugierigen aus Berlin. Der Landeplatz wurde bis 1976 genutzt. Dann entstand an seiner Stelle ein Kinderspielplatz mit einem großen Spiel-Helikopter. Ein Geschenk der Amerikaner.

Das Klettergerüst mit seinen bunten Stahlrohren aus den späten 1970ern ist noch da. Ganz schön retro. Da sind sie, die unbeschwerten Sommertage der Kindheit. Schweinebaumel kann sie immer noch. Die Buslinie 118 fährt heutzutage nach Potsdam zum Stern-Center. Die Wendeschleife in der Bernhard-Beyer-Straße ist passé. Der ungewöhnliche Grenzverlauf ist geblieben: als Landesgrenze zwischen Berlin und Brandenburg.

Adresse Bernhard-Beyer-Straße, 14109 Berlin | ÖPNV S7, Haltestelle Griebnitzsee, Bus 118, 694, Haltestelle Steinstücken | Tipp Zwei Original Hubschrauber-Rotorblätter ragen am Spielplatz Am Landeplatz in die Höhe. Beeindruckend.

94 Die Tambourkuppel

Stadtbildprägende »Trommel«

Auf 42 Metern Höhe weht ein ordentliches Lüftchen. Dafür ist die Aussicht auf der Plattform hinter den markanten Zacken, die die Tambourkuppel der evangelischen St. Nikolaikirche einfassen, umso besser. Auf einem 360-Grad-Rundgang geht es einmal herum. Der Durchmesser der Kuppel beträgt 24 Meter. Damit spielt sie eher im Mittelfeld. Das Rund des Petersdoms in Rom misst 42,3 Meter, die St. Pauls Cathedral in London bringt es auf 34 Meter. Sie diente einst als Vorbild für den Potsdamer Bau, der mit seinem hellen türkisfarbenen Dach die Stadtsilhouette beherrscht. Die weltweit größte Kuppelkirche ist seit 1988 die Basilika Notre-Dame de la Paix in Yamoussoukro (Elfenbeinküste) mit 90 Metern. Wie geht das? Eine Kuppel ist ein Gewölbe mit nur einem Scheitelpunkt. Die Gewichtskräfte werden über die Bogenform auf die Auflagepunkte verteilt und die nach außen gerichteten Horizontalkräfte abgeleitet. Der Raumabschluss innen ist rund wie eine Trommel, auf Französisch: *tambour.*

Als Karl Friedrich Schinkel und Ludwig Persius die Kuppel beim Wiederaufbau der St. Nikolaikirche am Alten Markt einplanten, schossen die Kosten in die Höhe. König Friedrich Wilhelm III. war verschreckt. Lieber erst mal nicht. Ohne Ecktürme und Kuppel wurde die Kirche 1837 eingeweiht. Ab 1843 gingen die Bauarbeiten weiter, und schließlich thronte 1850 die dicke Kuppel mittels einer gusseisernen Rippenkonstruktion auf dem Kirchenbau. Aus statischen Gründen musste das Grundgebäude an den Ecken durch vier Glockentürme gestützt werden. Die Gesamthöhe bis zum obersten Punkt des Kreuzes beträgt 78 Meter, innen erreicht die Kirche eine Höhe von 52 Metern. Heute ist es eine Stahlkonstruktion. Das Kuppelauge ist geschlossen, doch das Auge des Betrachters bleibt lange an den reichen Verzierungen hängen. Dann geht es zum Turmaufstieg, nach 223 Stufen steht man in luftiger Höhe.

Adresse Am Alten Markt, 14467 Potsdam | ÖPNV Tram 91, 92, 93, 96, 98, 99, Bus 604, 605, 614, 631, 638, 650, X15, Haltestelle Alter Markt/Landtag | Öffnungszeiten Mo–Sa 9.30–18 Uhr, So 11–18 Uhr | Tipp Der 1755 errichtete Obelisk auf dem Vorplatz zeigte einst vier preußische Herrscher. Sie wurden 1969 durch die wichtigsten Potsdamer Baumeister ersetzt.

95_Das Theaterschiff

Kunst auf dem Kahn

Die Schritte hallen blechern. Stufe für Stufe. Im dicken Stahlbauch ist es schummrig und gemütlich. Die Stuhlreihen stehen bereit, gleich geht der Vorhang auf. 100 Jahre hat der »Sturmvogel« auf dem Buckel. Seit 2014 liegt er hier am Schiffbauerdamm vor Anker. Fährt ein anderes Schiff vorbei, schaukelt es auch schon mal leicht. Ups, besser mal das Bier festhalten.

In mehr als 6.000 Arbeitsstunden entstand 1995 der Kulturort. Aus dem 52 Meter langen ehemaligen Schleppkahn wurde das Theaterschiff. Jährlich stehen etwa 140 Veranstaltungen auf dem Spielplan: Theatervorstellungen, Performance, Tanz, Konzerte und Lesungen. 2022 entstand ein Friedensprojekt in Zusammenarbeit mit dem ukrainischen Künstler Borys Borysenko, aktuelle Stücke behandeln zum Beispiel das Thema Zivilcourage. Mit »Skizze eines Sommers« nach dem gleichnamigen Potsdam-Roman von André Kubiczek und dazugehöriger 80er-Jahre-Mucke steht auch Heiteres auf dem Programm. Kult ist die »Tanznacht im Kahn«.

Die Idee für die ungewöhnliche Spielstätte hatte der Schauspieler und Regisseur Wilfried Mattukat. 1992 gründete er eine Laienbühne in der eine Gruppe von Schülern, Studenten, Auszubildenden, Berufstätigen und Berufssuchenden auftrat. Drei Jahre später begann der Ausbau des alten Schiffs, das 1924 in Nierenburg vom Stapel gegangen und Jahrzehnte durch die Kanäle geschippert war. »Sturmvogel«, das klingt nach Freiheit, heute ist der Piepmatz sesshaft. Aus der Stadtspieltruppe ist das freie Theater »Theaterschiff e.V.« geworden. Der Verein kaufte den Kahn. Er ist im Binnenschifffahrtsregister Brandenburg/Havel eingetragen und muss alle vier Jahre auf die Werft, um sich die Fahrtauglichkeit vom Wasser- und Schifffahrtsamt neu bestätigen zu lassen. Warum? Manchmal überfällt den »Sturmvogel« das Fernweh. Dann ist er weg, um in einem fremden Hafen zu ankern und dort Theater zu spielen. Ahoi!

Adresse Schiffbauergasse 9B, 14467 Potsdam, www.theaterschiff-potsdam.de | ÖPNV Tram 93, Haltestelle Schiffbauergasse/Berliner Straße | Öffnungszeiten jeweils ab einer Stunde vor Veranstaltungsbeginn, Spielplan siehe Homepage | Tipp Seit 1918 gibt s das Thalia Programmkino in Babelsberg. Knapp 100 Jahre später, im Jahr 2016, wurde es als das beste in Deutschland ausgezeichnet. 350 Plätze fasst der größte Saal.

96 Der Thron

Alice im Havelland

Wenn Ihre Majestät bitte mal Platz … ach nee, geht wohl nicht. Kein König oder Kurfürst und keine Prinzessin haben sich auf dem mächtigen Thron am Havelufer je *placiert*. Es hätte nicht gepasst. Die Gründe sind Größe, Sitzkomfort und die Zeit. Das imposante Landschaftsmöbel aus Eichenholz steht seit 2020 auf dem kleinen Hügel im Nuthe-Park. Es besteht wie jedes gewöhnliche Sitzmöbel aus den charakteristischen Bestandteilen: vier Beine, eine Sitzfläche und eine Rückenlehne. Die allerdings ragt drei Meter in den Potsdamer Himmel empor. Das ist schon besonders. Gleichzeitig strahlt der Thron Standfestigkeit und Ruhe aus. Man möchte es sich gleich vor der großen alten Trauerweide gemütlich machen.

Der Holzgestalter Andreas Dorfstecher hat das ungewöhnliche Möbel geschaffen. Die Maße von Sitzflächenhöhe, Sitzflächentiefe, Höhe der Armlehnen und Neigung der Lehne sind ideal, so der Künstler. Aha. Aber: Es fühlt sich schon ein bisschen komisch an, auf dem mächtigen Stuhl. Bin ich so klein? Ist er so groß? Seltsam. Der Blick über das Wasser ist traumhaft schön, und alle Fragen sind vergessen. Gedankenverloren streichen meine Hände über das verwitterte feste Eichenholz. Es hat etwas Raues, strahlt aber auch Lebendigkeit aus. Es ist Dorfstechers Lieblingsmaterial und ein regionaler Rohstoff. So bleiben die Transportwege kurz.

Aus den dicken Eichenstämmen gestaltet der Künstler Garten- und Landschaftsmöbel. Sie sind mal kantig, mal organisch geformt, sodass der natürliche Baumstamm erkennbar ist. Immer grob. Klobig. »Für klein und glatt sind andere zuständig«, lautet das Motto. Das bevorzugte Arbeitsmittel ist die Motorsäge. So entstanden Bänke, »Sitzbrocken« und so mancher Thron mit der typischen extrahohen Rückenlehne. Die höchste hat das Modell »Nur die Ängstlichen wollen in den Himmel« mit stattlichen 7,4 Metern. Ganz schön groß. Oder?

Adresse an der Nuthemündung im Nuthepark, 14473 Potsdam | ÖPNV Tram 91, 92, 93, 96, 98, 99, Haltestelle Lange Brücke | Öffnungszeiten immer zugänglich | Tipp Auf einem schwimmenden Schloss auf Potsdams Gewässern cruisen, das können bis zu 600 Passagiere an Bord der – Überraschung! – MS Sanssouci. Die Weiße Flotte Potsdam macht's möglich.

97 Die Tramlinie 96

Historisches Hopp-on, hopp-off

Es ist das Jahr 1907. Die Elektrische rumpelt durch die Straße. Endlich. 1881 fuhr im benachbarten Lichterfelde die erste elektrische Straßenbahn der Welt. In Potsdam dauerte es: Das Astrophysikalische Observatorium auf dem Telegrafenberg legte stets sein Veto ein. Die Wissenschaftler fürchteten, dass der elektrische Betrieb die Messergebnisse beeinträchtigen könnte. Dann aber hamse die Erde uffjebuddelt, Gleise verlegt und Oberleitungen installiert. Auf den drei Linien ab Potsdamer Hauptbahnhof gleiten die Waggons dahin. Die Huftiere sind im Ruhestand. Auf der Grünen Linie der einstiegen Pferdebahn von 1880 geht es zur Victoriastraße, auf der Roten Linie zur Glienicker Brücke und auf der Weißen Linie bis zur Alleestraße. Für die beiden Erstgenannten wurde der Streckenverlauf für die neuen Schienen geändert. Die Weiße Linie blieb so, wie sie war. Bis heute.

Das Teilstück in der Innenstadt vom Hauptbahnhof bis zur Alleestraße an der Alexandrowka ist somit das älteste der Stadt. Nicht nur das, es gibt auch viel zu sehen. Tagsüber geht es im Zehn-Minuten-Takt über die Lange Brücke, am Landtag vorbei, über den Platz der Einheit. Sightseeing pur. »Rechts seht ihr … das Holländische Viertel … vorne das Nauener Tor.« Da fährt die Tram 96 hindurch. Cool. Es ist der einzige eingleisige Abschnitt der Strecke. Schließlich umrundet die Straßenbahn in einem Halbkreis einen Teil der Russischen Kolonie, bis sie am Volkspark vorbei am Campus Jungfernsee ankommt. Von Nordosten bis in den äußersten Südwesten ist die Tram 96 mit insgesamt 32 Stationen die längste Linie im Stadtgebiet. Das Streckennetz wird von fünf Haupt- und zwei Verstärkerlinien befahren: 91, 92, 93, 94, 96 sowie 98 und 99. Warum diese Nummerierung? Zur Vorbereitung auf den Verkehrsverbund mit Berlin und zur Abgrenzung zu den Berliner Linien. Es ist das Jahr 1991. Der Rest is Jeschichte, die Nummern blieben.

Adresse Tramstation Südseite Hauptbahnhof, 14473 Potsdam, www.swp-potsdam.de | ÖPNV Tram 96, Haltestelle Marie-Juchacz-Straße | Öffnungszeiten Fahrplan siehe Homepage | Tipp Das Restaurant und Café Heider bezeichnet sich selbst als »Wohnzimmer der Stadt«. Macht es euch bei Kaffeespezialitäten und leckeren Speisen gemütlich.

98 Die Transparente Weltkugel

Marx trifft Goethe

Da hat einer zwei markante Sätze des 19. Jahrhunderts miteinander verbunden – geistig und physisch in Form einer großen Weltkugel aus Stahl. Durchmesser: fünf Meter. Günter Junge schuf die Skulptur 1978. »Die Philosophen haben die Welt nur verschieden interpretiert, es kommt aber darauf an, sie zu verändern«, steht in Versalien in dem einem Rhönrad ähnelnden hochkant stehenden Schriftband. Falls noch nicht bekannt: Das ist die elfte Feuerbachthese von Karl Marx. Erdacht 1845, veröffentlicht 1888 postum von Mitstreiter Friedrich Engels. Marx übte Kritik am Philosophen Ludwig Feuerbach und seiner Theorie, die Erklärungen, aber keine Ansätze für Veränderungen der Welt lieferte.

Das andere Band aus Großbuchstaben umwickelt in waagerechter Ausrichtung den Äquator des imaginären Erdballs mit dem Schlusssatz aus Goethes Faust II: »Alles Vergängliche ist nur ein Gleichnis«. Es ist der Tragödie zweiter Teil, der erste entstand 1805. Der Dichter knöpfte sich den Stoff erst 20 Jahre später erneut vor, um sein Werk zu erweitern. Die Veröffentlichung erfolgte 1832 ebenfalls postum. Außer diesem Umstand, was verbindet nun Marx und Goethe? Das Interesse an der Wechselbeziehung zwischen Individuum und Gesellschaft. Das Bewusstsein des Menschen für seine schöpferische Kraft. Die Möglichkeit der Veränderung. Klassenbewusstsein. So spiegeln die beiden Zitate die kommunistische Ideologie der DDR wider. Seit 2019 und nach vollständiger Restaurierung steht die Weltkugel an ihrem aktuellen Standort.

Das Grabmal von *Marx* ist eine der Hauptattraktionen auf dem Friedhof Highgate Cemetery im Norden Londons. 1883 wurde er dort bestattet. Unterhalb der markanten bärtigen Büste steht ebenfalls seine berühmte Feuerbachthese: »*The philosophers have only interpreted the world …*«

Adresse Breite Straße, 14471 Potsdam | ÖPNV Tram 91, 94, Bus 605, 631, Haltestelle Feuerbachstraße, Bus 695, Haltestelle Naturkundemuseum | Öffnungszeiten immer zugänglich | Tipp Das Dampfmaschinenhaus von 1843 an der Breite Straße sieht aus wie eine Moschee und ließ einst den Wasserstrahl der großen Fontäne in Sanssouci auf mehr als 35 Meter hochschießen.

99 Die Truman-Villa

The little White House

US-Präsident Harry S. Truman wohnte während der Potsdamer Konferenz hier für 17 Tage ab dem 15. Juli 1945. Zwei Tage später begann das Treffen der alliierten Siegermächte des Zweiten Weltkrieges. Die »Großen Drei« logierten in Villen am Griebnitzsee. Während Josef Stalin und Winston Churchill von ihren Häusern ganz angetan waren, mochte der Amerikaner seine Unterkunft nicht. Die Möbel seien ein »Alptraum für jeden Inneneinrichter«, soll Truman notiert haben. Mix and (don't) match. Alles war bunt zusammengewürfelt, denn für den Staatsgast musste schnell eine neue Einrichtung her. Im Mai 1945 war der Eigentümer samt Familie aus seinem Haus vertrieben und dieses von russischen Soldaten leergeräumt worden.

Die Villa, 1891 bis 1892 erbaut, trug den Namen Haus Erlenkamp, bevor die kurze Anwesenheit des amerikanischen Präsidenten namensgebend wurde. Es war ein Sommerdomizil. Schon damals residierte am Griebnitzsee, wer Geld hatte.

Eigentümer war der Inhaber der Grote'schen Verlagsbuchhandlung, ein erfolgreicher Geschäftsmann und Verleger. Ein recht bekannter Autor war bei ihm unter Vertrag: Theodor Fontane. Carl Gustav Müller-Grote musste sein Haus über Nacht verlassen und kam mit seiner Familie in einer kleinen Wohnung in der Heinestraße unter, nur 500 Meter von Haus Erlenkamp entfernt. Noch während der Potsdamer Konferenz schrieb der Verleger einen Brief an Truman, auf Englisch, in dem er die Ereignisse schilderte. Doch der hatte andere Sorgen. Der Krieg mit Japan war noch nicht beendet. Von der Potsdamer Villa aus erließ Präsident Truman den Befehl für die Atombombenabwürfe auf Hiroshima und Nagasaki. Ein Jahrzehnt später schrieb Sohn Hans-Dietrich Müller-Grote noch einmal an Truman. Auch das änderte nichts. Seit 2001 ist das Haus im Besitz der Friedrich-Neumann-Stiftung. Erlenkamp ist übrigens ein kleines Dorf im Landkreis Mecklenburgische Seenplatte.

Adresse Karl-Marx-Straße 2, 14482 Potsdam | ÖPNV S7, Haltestelle Griebnitzsee, Bus 694, Haltestelle Hiroshima-Nagasaki-Platz | Öffnungszeiten von außen zu besichtigen | Tipp Auf dem Hiroshima-Nagasaki-Platz gegenüber der Villa erinnert ein Gedenkstein an die Bombenabwürfe auf die japanischen Städte.

100 Das Ufer am Großen Zernsee

Großartige Sonnenuntergänge

Die dicken Wolken hängen tief. Das Wasser ist dunkel und geheimnisvoll. Auf den Pfählen sitzen die Schreitvögel mit den langen Hälsen. Alles ist grau. Fifty Shades of Reihergrau. Heute wird es nichts mit dem malerischen Sonnenuntergang. Und doch bezaubert der Ort. Laut quakt es im Schilf. Weit geht der Blick Richtung Westen über den Großen Zernsee. Die Uferstelle liegt in einem kleinen Park, der zum Schloss Golm gehört. Das 42.000 Quadratmeter große Anwesen sieht aus wie ein Privatgrundstück. Ist es auch – aber keinesfalls verschlossen. Besuch ist erwünscht. In einem Restaurant kann man direkt am See speisen, und es gibt ein kleines Hotel im Haus. Schon in den 1930er Jahren ließen es sich hier die Ufa-Größen Marlene Dietrich und Marika Rökk gutgehen.

Niuta von dem Bottlenberg ließ das Anwesen zwischen 1912 und 1914 errichten und baute es dann zum Kurhaus mit Restaurantbetrieb um. Im Jahr 1929 war die Eröffnung, 1938 musste sie verkaufen. Ihre Enkelin Cornelia Freiin von dem Bottlenberg trat in ihre Fußstapfen, als sie mit ihrer Frau Swetlana Freiin von dem Bottlenberg-Minkow das Schloss erneut in Familienbesitz brachte und 1995 als Hotel und Restaurant wiedereröffnete. Die beiden Musikerinnen sind zusammen das deutsche Pop-Duo Cora. In den 1980ern machten sie mit dem Song »Amsterdam« auf sich aufmerksam. Eigentlich hatten sie ihn für Juliane Werding geschrieben, doch die wollte ihn nicht. Die zwei sangen den Song schließlich selbst und landeten mit der englischsprachigen Version in Frankreich einen Hit. Das Original wurde später in den neuen Bundesländern zum Kult-Song. Die Discografie der Band ist lang, 2024 erschien »Vielleicht«.

Das Konzert am Ufer des Großen Zernsee geben die Frösche. Ein Reiher schwingt sich in die Luft. Schön.

Adresse Am Zernsee, 14476 Potsdam, www.gutschlossgolm.de | ÖPNV Bus 695, Haltestelle Alt-Golm | Öffnungszeiten Park Di–So 8 Uhr bis zum Einbruch der Dunkelheit, Restaurant siehe Homepage (Reservierung erforderlich) | Tipp Vielfältiges Vogelgezwitscher begleitet Spaziergänger auf dem Deich parallel zum Mühlendamm Richtung Norden. Im Frühjahr ist er übersät mit Pusteblumen.

101 Die Verbotene Stadt

Verdacht auf Spionage

Ein Areal im Norden Potsdams. Mit knapp 100 Häusern, Straßen und eigener Infrastruktur war es nahezu autark. Hohe Mauern, Wachtürme und Stacheldraht umgaben das etwa 16 Hektar große Gebiet. Hier befand sich ab 1945 die Hauptverwaltung der militärischen Spionageabwehr der sowjetischen Streitkräfte in Deutschland, mitten in einem Wohngebiet. Anwohnende hatten nur vage Vorstellungen, was im »Militärstädtchen Nr. 7« vor sich ging und nur selten Kontakt mit den Bewohnerinnen und Bewohnern. Es war ein abgeschottetes Gebiet. Die sogenannte »Verbotene Stadt«.

Mittendrin lag das zentrale Untersuchungsgefängnis in der Leistikowstraße 1. Heute ist es eine Gedenkstätte. Es ist ein wichtiger Ort. Ein schwieriger Ort. Ein Ort, den man unbedingt besuchen sollte. Der Zustand des Gebäudes ist bewusst so gelassen worden. Es ist karg und trostlos. Der Putz blättert von den Wänden. Im Geheimdienstgefängnis waren in den Nachkriegsjahren Sowjetbürger und Deutsche inhaftiert, ab 1955 ausschließlich sowjetische Militärangehörige und Zivilisten. Die Gründe für die Verhaftung waren vielfältig. Anfänglich wurde den Festgenommenen meist die Mitschuld an NS-Verbrechen vorgeworfen, ab 1946 überwiegend »Verdacht auf Spionage«. Bis zu seiner Auflösung 1991 hielt der KGB hier Tausende Menschen fest. Erst 1994 wurde der Standort mit Abzug der russischen Truppen aufgegeben.

Die Schicksale der Inhaftierten stehen im Mittelpunkt der Ausstellung. Die Geschichte eines 15-jährigen Schülers begegnet einem an mehreren Punkten. 15 Jahre. Im Dezember 1945 wurde er zusammen mit drei Freunden verhaftet. Sie waren dem Russischunterricht ferngeblieben. Außerdem warf man den Jugendlichen vor, eine illegale Gruppe der Werwölfe gebildet zu haben.

Draußen scheint die Sonne. Vom Schulhof der benachbarten Grundschule schwappt Kinderlärm herüber. Der einstige Schüler Hermann Schlüter wurde 88 Jahre alt.

Adresse Leistikowstraße 1, 14469 Potsdam, www.leistikowstrasse-sbg.de | ÖPNV Tram 92, 96, Haltestelle Puschkinallee / Alexandrowka, zu Fuß weiter über Bayerstraße und Große Weinmeisterstraße | Öffnungszeiten Di – So 14 – 18 Uhr | Tipp Ein Lehrpfad bietet an 14 Stationen Informationen zur Geschichte und den Spuren des »Militärstädtchens Nr. 7«. Einfach QR-Codes scannen und lauschen.

102 Die Villa Carlshagen

Familie mit Hang zur Namensänderung

Fast ist man geblendet, so hell strahlt die prachtvolle Villa Carlshagen in der Abendsonne. Das zweigeschossige Gebäude mit seinem viergeschossigen Treppenturm wurde um 1900 im Stil des Neoklassizismus errichtet mit Gästetrakt und Speisesaal: Gesamtnutzfläche 1.000 Quadratmeter. Das Spannende ist aber nicht die Architektur, sondern die Geschichte der einstigen Bewohner. Bauherr war der Bankier Carl Hagen. Er hieß ursprünglich Carl Levy. 1906 legte er jedoch seinen jüdischen Nachnamen ab und nahm den Namen Hagen an, so wie es sein Bruder Louis bereits getan hatte. Hagen ist der Geburtsname der Frau seines Bruders. Carl Hagen war national gesinnt. Er nahm als Offizier am Ersten Weltkrieg teil. Seine Enkelin Helga Hagen sagte später über ihn, er hätte alles getan, um Orden und Ehrenzeichen vom Kaiser zu bekommen. Am 30. Januar 1938 starb Carl Hagen im Alter von 81 Jahren. Im gleichen Monat war das Bankhaus Hagen und Co. aufgrund der antijüdischen Gesetzgebung liquidiert worden.

Carl Hagens Söhne Louis Georg und Hermann waren ebenfalls Bänker. Hermann Hagen wurde 1942 in das KZ Sachsenhausen verschleppt und am Folgetag ermordet. Er hinterließ sechs Kinder. Sein Sohn Hans Oliva-Hagen lebte nach dem Ende des Weltkriegs in Ostberlin und arbeitete als Journalist, Schriftsteller und Drehbuchautor unter den Pseudonymen Hans Oliva oder John Ryder. Zu seinen wichtigsten Werken zählen seine Mitarbeit an den Drehbüchern zum DEFA-Film »Karbid und Sauerampfer« und dem fünfteiligen DDR-Fernsehfilm »Gewissen in Aufruhr«. Aus der Ehe mit der Schauspielerin Eva-Maria Hagen ging die Tochter Nina Hagen hervor. Wer kennt ihn nicht, den legendären »Farbfilm«-Song der Rocksängerin und selbsternannten Lebenskünstlerin. Das Haus ihres Urgroßvaters ist heute die Universitätszentrale der Health and Medical University (kurz HMU), einer privaten Hochschule für angehendes ärztliches Personal.

Adresse Olympischer Weg 1, 14471 Potsdam | ÖPNV Tram 91, 94, Haltestelle Luftschiffhafen | Öffnungszeiten von außen zu besichtigen | Tipp Ein Stolperstein für Hermann Hagen ist vor dem Haus in der Waitzstraße 27 in Berlin Charlottenburg.

103 Die Villa Lademann

Lilienthals »Burg« in Potsdam

Mit ihren Türmchen und Zinnen sehen sie aus wie kleine Ritterburgen: die markanten Entwürfe des Architekten Gustav Lilienthal. Der jüngere Bruder des berühmten Flugpioniers Otto war selbst ein Tüftler, Bastler und Baumeister. Der gelernte Maurer studierte an der Berliner Bauakademie. Er brach das Studium ab, reiste nach Prag und später nach London, wanderte 1880 sogar nach Australien aus. Nach fünf Jahren kehrte er nach Berlin zurück. Kaum angekommen, folgten drei Jahre in Paris bis 1888. Ein rastloser kreativer Geist. Zwischen 1891 und 1892 ließ Gustav Lilienthal sein eigenes Wohnhaus errichten. Es war der Startschuss für die kreativste Phase seines Schaffens: In zehn Jahren entstanden im Berliner Südwesten mehr als 30 Landhäuser nach seinen Entwürfen. Interessante Exemplare. Markant. Mit ihrem unverwechselbaren Äußeren sind sie als die »Burgen von Lichterfelde« bekannt. Die Villa für den Generalleutnant Oskar Lademann von 1895 ist das einzige Lilienthal-Gebäude in Potsdam.

Gustav Lilienthal interessierte die Gegenüberstellung der Einfamilienhäuser in den Vororten mit den innerstädtischen Mietshäusern. Er übernahm beispielsweise die Raumverteilung auf den verschiedenen Ebenen. Stichwort: Toilette auf halber Treppe, bekannt aus den Hinterhäusern der Berliner Altbauten. Es entstanden die Vorsprünge der einzelnen Geschossebenen. Die Fenster in unterschiedlichen Größen lockerten die schlichte Fassade zusätzlich auf und waren der jeweiligen Raumfunktion angepasst. Irgendwie anders. Der Clou aber war eine zentrale Luftheizung statt der damals üblichen Kohleöfen. Eine doppelte Hauswand mit dazwischenliegender Luftschicht machte es möglich. Als Abluftschächte dienten die Türmchen an der Dachkante. Sie wurden zum typischen Erkennungsmerkmal der »Burgen«. Vorbild waren englische Bauten aus der Zeit Heinrich VIII. Der reiselustige Lilienthal liebte den Tudorstil.

Adresse Karl-Marx-Straße 66, 14482 Potsdam | ÖPNV S7, Haltestelle Griebnitzsee, Bus 694, Haltestelle Hiroshima-Nagasaki-Platz | Öffnungszeiten von außen zu besichtigen | Tipp Ein schöner Spaziergang durchs Viertel: 22 »Lilienthal-Burgen«, darunter das einstige Wohnhaus im Tietzenweg 51 (früher Dahlemer Straße 22), sind in Berlin Lichterfelde erhalten.

104 Die Vintage-Meile

Zeit zum Stöbern: Kleidung, Platten, Möbel

Lust auf alte Schätze? Wer gerne Unikate shoppt und schönen Dingen eine zweite Chance geben möchte, ist in der Lindenstraße genau richtig. Zwischen Charlottenstraße und Hegelallee ballen sich Geschäfte, die mit gebrauchten und alten Waren handeln. Egal ob Halskette, Sektgläser mit feinem Schliff, adidas-Trainingsjacke oder »Greatest Hits« – hier ist alles dabei. Los geht's.

Die neueste Eröffnung ist das VICO mit Secondhand-Mode im etwas höherpreisigen Segment. Ausgewählte Stücke hängen auf den Kleiderstangen. Der Clou: Die Stangen werden von privaten Verkäufern wochenweise gemietet – wie eine Art Dauerflohmarkt. Das Konzept stammt aus Skandinavien und ist dort sehr beliebt. Etwas weiter die Straße hinunter stehen die Kisten des Plattenladens Silverspeed Records auf der Straße, dazu CDs und Mosaikhefte. Nebenan ist das Potsdamer Antiquariat, ein paar Häuser weiter Antiquitäten Gödecke & Bruchner. Am Ende der Lindenstraße präsentiert Whooppie seit mehr als 20 Jahren Kleidung aus zweiter Hand. Antiquitäten am Jägertor gibt es gegenüber. Toll sind die liebevoll in der Toreinfahrt arrangierten Raritäten. Alter Schmuck aus Großmutters Zeiten funkelt im Antique Fabry.

Ein kleiner Abstecher führt auf die Brandenburger Straße zur Bücherfundgrube: Antiquariat meets Trödel. Eine Ecke ist für Hausrat aller Art reserviert, Klassik-LPs und alte Postkarten. In der anderen Richtung ist die Filiale des Secondhand-Riesen Humana. Die gesamte obere der zwei Etagen ist »vintage«. Wie wäre es mit einer Bluse mit dicken Schulterpolstern aus den 1980ern? Herrlich. Der Begriff *vintage* kommt aus dem Englischen und bedeutet alt, aber auch erlesen, hervorragend. Wichtig ist das Alter: Ein Artikel ist vintage, wenn er mindestens 40 Jahre alt ist. Ab einem Alter von 100 Jahren spricht man von Antiquität. Retro hingegen ist etwas Neues, das im alten Stil produziert wurde. Und weiter stöbern …

Adresse Lindenstraße, 14467 Potsdam | ÖPNV Tram 91, 94, 98, Bus 605, 614, 692, 695, Haltestelle Dortustraße | Öffnungszeiten in der Regel Mo–Fr 10–18 und Sa 10–15 | Tipp Die Gedenkstätte Lindenstraße erinnert an politische Verfolgung in der NS-Diktatur, sowjetischen Besatzung und der DDR mit einer umfassenden Dokumentation.

105_Das von-Helmholtz-Haus

Augen auf!

Brillenträger? Dann wart ihr schon öfter beim Optiker oder beim Augenarzt. Der hat in seinem Werkzeugkasten ein Ophthalmoskop: einen Augenspiegel. Dieser dient zwar nicht zur Bestimmung der Sehstärke, aber zur Untersuchung des Augenhintergrunds. Er ist eine Potsdamer Erfindung. Das Werk eines außerordentlich vielseitigen Wissenschaftlers, der sich für Physik und Physiologie gleichermaßen interessierte.

Hermann von Helmholtz wurde 1821 in Potsdam geboren und wuchs im Haus Nummer 8 in der Hoditzstraße (heute Wilhelm-Staab-Straße) in einfachen Verhältnissen auf. Nach der Volksschule besuchte er ein Gymnasium. Das Studium an der Universität blieb dem 17-Jährigen mangels Mittel verwehrt. Doch wo ein Wille ist … Von 1838 bis 1842 studierte er am Medizinisch-Chirurgischen Friedrich-Wilhelm-Institut in Berlin, verbunden mit einer achtjährigen Dienstverpflichtung beim Militär. Diese Jahre in Potsdam von 1843 bis 1848 erwiesen sich als Beginn einer einzigartigen Wissenschaftlichen Karriere. Auf Empfehlung wurde er vorzeitig entlassen – und mit nur 28 Jahren als Professor für Physiologie an die Universität in Königsberg berufen. 1850, nur ein Jahr später, führte er den Augenspiegel ein. Ein Meilenstein in der Augenheilkunde. Das Gerät ermöglichte es erstmals, den Augenhintergrund direkt zu untersuchen und eine exakte Diagnose zu stellen, bis heute.

Kurz vor der Untersuchung wird ein Medikament ins Auge getropft, welches die Pupillen weit stellt. Anschließend wird mit einer Lampe der Augenhintergrund ausgeleuchtet. Durch die Pupille hindurch können Mediziner die unterschiedlichen Strukturen wie Netzhaut, Aderhaut und die versorgenden Blutgefäße einsehen und so Augenerkrankungen, Verdacht auf eine Netzhautablösung oder Schäden am Sehnerv feststellen. Hermann von Helmholtz schloss 1894 in Berlin für immer seine Augen.

Adresse Wilhelm-Staab-Straße 8, 14482 Potsdam | **ÖPNV** Tram 91, 92, 94, 96, Bus 605, 609, 638, X5, X15, Haltestelle Platz der Einheit West | **Öffnungszeiten** von außen zu besichtigen | **Tipp** Für die einen ist es schwarzes Gold, für die anderen einfach nur zum Schütteln: Lakritz polarisiert. Klassische und verrückte Sorten gibt es im Lakritzkontor in der Jägerstraße 21.

106 Die Waschbar

Olga, Susi und Rita drehen durch

Nein, das tun sie natürlich nicht. Olga, Susi und Rita sind drei der Miele-Waschmaschinen in der Waschbar. Zusammen mit Hugo und Helga verrichten sie störungsfrei ihren Dienst. Alle tragen sie Namen. Das war eine Idee des Gründers Klaus Kühn, der die Waschbar 2003 eröffnete. Das Konzept, Wäschewaschen mit einer Bar und Veranstaltungen zu kombinieren, hatte er aus den USA mitgebracht. Dort gab es 1934 auch den ersten öffentlichen Waschsalon der Welt.

Eine Ladung Buntwäsche dauert. Damit das Warten nicht so öde wird, kann man sich mit Burgern, Wein und Kaffee im knallig bunten Ambiente die Zeit vertreiben. Das Interieur ist mexikanisch geprägt. Der Grund ist die ausgeprägte Reiselust des Gründers. Am Anfang standen sogar leuchtende Kakteen auf dem Dach, das Ufo und die Aliens kamen knapp zehn Jahre später. Im Jahr 2021 übernahm Jeremias Schmidt, der hier jahrelang als studentischer Angestellter gearbeitet hatte, die Kultkneipe in Potsdam-West.

Der freistehende Bau entstand Anfang der 1930er Jahre und beherbergte zunächst die Molkerei Karl Bolle. Meist wurden die kleinen Pavillons jedoch als Kioske genutzt. Orte, an denen man zusammenkommt. So wie heute am Späti. Und in der Waschbar. Zwischen 1934 und 1945 waren die Kioske dem damaligen Oberbürgermeister ein Dorn im Auge und er ließ die kleinen Verkaufsstellen an vielen Orten umsetzen. Das Gebäude der heutigen Waschbar überstand den Zweiten Weltkrieg und wurde ab 1963 zu einer Konsum-Verkaufsstelle.

Etwa zur gleichen Zeit entstanden die ersten Selbstbedienungs-Waschsalons in der Region. Es gibt einen herrlichen Schwarz-weiß-Bericht in der rbb-Mediathek über die Eröffnung des ersten Waschsalons 1961 in Berlin Wedding. Die Waschbar ist längst nicht mehr nur ein Ort, um Wäsche zu waschen und währenddessen mit einem Kaffee zu warten. Aber es ist immer noch möglich. Wie wär's mit einem Cappuccino zum Schleudergang?

Adresse Geschwister-Scholl-Straße 82, 14471 Potsdam | ÖPNV RB 20, 21, 22, 23, Tram 91, 94, Bus 580, 605, 610, 631, Haltestelle Bahnhof Charlottenhof | Öffnungszeiten Mo–Fr 17–1 Uhr, Sa–So 15–1 Uhr | Tipp Das Kino Charlott am Bahnhof ist heute eine Ruine. Vor dem Filmbetrieb ab 1934 war es eine Versammlungsstätte. Karl Liebknecht sprach hier 1901.

107 Die Weberstube Nowawes

Böhmische Handwerker in Babelsberg

Garnstraße, Spindelstraße, Weberplatz – die Straßennamen in Nord-Babelsberg verraten, welches Handwerk in den kleinen Gebäuden einst ansässig war, in der ehemaligen Kolonie Nowawes. Die malerisch renovierten Häuschen mit ihren bunten Holzläden prägen bis heute das Viertel. Auf einem dreieckigen Grundriss entstanden kleine Weberhäuser, deren Größe sich an den Maßen des jeweiligen Webstuhls bemaß. Die dazugehörigen Grundstücke waren etwa 1.000 Quadratmeter groß. Der Bau der Kolonie erfolgte zwischen 1751 und 1754 in zwei Bauabschnitten auf der von König Friedrich II. ausgewiesenen Fläche. Verantwortlich für die Umsetzung war der Oberst und spätere General Wolf Friedrich von Retzow. Am Ende der Bautätigkeit waren es 205 Häuser.

Die ersten 50 Familien erhielten die Häuser vom preußischen König geschenkt. Zudem waren sie von der Steuerlast befreit. Hier sollten sich hauptsächlich böhmische Weber und Spinner niederlassen. Das Ziel war, die Tuchproduktion zu erhöhen und Preußen die teuren Importe zu ersparen. Die Weber verarbeiteten zunächst Baumwolle und dann … ja, dann kam Friedrich II. mit Seide um die Ecke. Dafür ließ er Tausende Maulbeerbäume in Babelsberg pflanzen und verdonnerte die Weber per königlichem Erlass, fortan den edlen Stoff zu spinnen. Napoleon hob das Seidenimportverbot nach seinem Sieg über Preußen 1806 auf. Bis weit in das 19. Jahrhundert hinein blieb Nowawes ein Weberdorf.

Die besondere Geschichte des Stadtteils und die Kunst der Weberei sind im kleinen Stadtteilmuseum Weberstube Nowawes erfahrbar – natürlich in einem der 110 erhaltenen Weberhäuser im ehemaligen »Etablissement bei Potsdam«. Diesen Namen führte die Kolonie in der Anfangsphase, dann wurde sie in »Böhmisch Neuendorf« umbenannt. Die spätere Bezeichnung »Nowawes« ist eine Abwandlung aus dem Böhmischen. *Nová Ves* bedeutet schlicht: neues Dorf.

Adresse Karl-Liebknecht-Straße 23, 14482 Potsdam | ÖPNV S7, Haltestelle Babelsberg, Tram 94, 99, Bus 601, 690, 693, 694, Haltestelle Rathaus Babelsberg | Öffnungszeiten Mi 14–17 Uhr, individuelle Stadtteilführungen außerhalb der Öffnungszeiten sind möglich | Tipp Mit dem Audioguide (auf der Webseite des Museums) durch das Viertel spazieren und 250 Jahre Geschichte lauschen.

108_Das weiße Haus

Eines passt nicht zu den anderen

Nanu? Rote Ornamente auf weißem Grund statt weiße Kassettenfenster in rotem Gemäuer. Das Haus in der Kurfürstenstraße 7 im Holländischen Viertel tanzt aus der Reihe der typischen unverputzten Backsteinfassaden, denn der größte Teil seiner Außenwand ist weiß gestrichen. Ursprünglich war das bei dem Gebäude aus dem Jahr 1739 nicht so. Da passte es zu den anderen 134 Häusern, die das berühmte Quartier im Herzen der Stadt bilden. Wir alle wissen, dass Friedrich Wilhelm I. für den Bau der kleinen Handwerkerhäuser verantwortlich ist. Sie entstanden zwischen 1734 bis 1742. Der Soldatenkönig schätzte die Fähigkeiten der Holländer und ihre Erfahrung im Umgang mit sumpfigen Böden. Denn davon gab es reichlich in Potsdam.

Das holländische Viertel war ein Multikulti-Viertel, lebendig und bunt. Nur etwa 25 Prozent der Bevölkerung stammte tatsächlich aus den Niederlanden. Der König hatte Handwerker aus vielen Ländern Europas angeworben, die hier zusammenlebten. Das bedeutete unterschiedliche Sprachen, Handwerkskünste und Kulturen. In den kleinen Gassen mit ihrem Kopfsteinpflaster kann man sich das muntere Miteinander vor mehr als 300 Jahren gut vorstellen.

Auf den ersten Blick sehen die vielen kleinen Gebäude gleich aus. Wie eine Preußengarde? Die stets gleiche Anordnung der Türen und Fenster wirkt schon ein wenig, als hätte man sie in eine Uniform gesteckt. Obenauf tragen sie hohe Mütze und stehen stramm. Aber so gleich sind sie nicht. Es gibt unterschiedliche Verzierungen oder zusätzliche Fensterchen im Giebel, der mit einem oder mehreren Schwüngen oder als Dreieck gestaltet ist. Finde den Unterschied … Das Weiß der Fassade des besonders auffälligen Hauses stammt aus dem 19. Jahrhundert. Der damalige Eigentümer soll etwas mehr Abwechslung gewollt haben. Im Laufe der Zeit wurde der Farbton Teil des Denkmals und immer wieder aufgefrischt.

Adresse Kurfürstenstraße 7, 14467 Potsdam | ÖPNV Tram 92, 96, Bus 603, 604, 638, Haltestelle Nauener Tor | Öffnungszeiten von außen zu besichtigen | Tipp Das Jan-Bouman-Haus in der Mittelstraße 8 zeigt die Geschichte des Viertels in einer ständigen Ausstellung. Jan Bouman kam 1732 nach Potsdam und leitete die Baumaßnahmen.

109 Das Werdergemälde

Knips dir dein persönliches Kunstwerk

Die Wolken sind auf den Himmel getupft. Perfekt. Durch den XXL-Rahmen am Havel-Ufer sind die Heilig-Geist-Kirche und die Bockwindmühle zu sehen. Davor glitzert das Wasser der Havel in kleinen kecken Wellen. Schnell noch ein Foto gemacht. Klick. Dann geht es über die Brücke in den historischen Ortskern. Ich schicke den Snap an meine Familie und texte: »Is dit nich schön?« Direkt am Ufer steht der goldfarbene Bilderrahmen, der das perfekte Werdergemälde einfasst. Er ist etwa einen Meter hoch und gut zwei Meter breit. Panoramablick. Weitwinkel. Allet is druff. Es ist ein malerischer Ausblick auf die Silhouette der Inselstadt – wie bei den Alten Meistern.

Die neugotische Kirche aus dem Jahr 1858 ist das Wahrzeichen Werders. Der Turm ragt etwa 50 Meter in den Himmel. Schon von Weitem ist er zu sehen. Theodor Fontane schwärmte beim Anblick von einer »Kleinstadtkathedrale«. Die Bockwindmühle aus dem Mittelalter ist nicht mehr original, sondern ein Wiederaufbau einer gleichartigen gut erhaltenen Mühle, der zwischen 1987 und 1991 erfolgte. Klick. Klick.

In der analogen Fotografie wurde das Seitenverhältnis 2:3 verwendet. Daraus ergeben sich gängige Bildformate wie beispielsweise die klassische Postkartengröße 10 mal 15 Zentimeter. Handys liefern dagegen überwiegend das Seitenverhältnis 3:4, das im Vergleich eher quadratisch ist. Bei der Bildbearbeitung werden verschiedene Seitenverhältnisse angeboten: neben den Klassikern auch 9:16. Es entsteht ein schmaler, länglicher Bildausschnitt wie hier beim Blick durch den Bilderrahmen. Doch egal in welches Format man das Postkartenmotiv formatiert, es sieht toll aus. Fazit: Ein eigenes Werdergemälde ist ein Muss. Je nach Kameraausrichtung schaukelt in den Sommermonaten vorn im Bild ein kunterbuntes Segelboot. Das »Havelwunder« ist frisch überholt wieder da. Klick. In Sekunden gibt's ein Kunstwerk to go.

Adresse Unter den Linden, 14542 Werder (Havel) | ÖPNV Bus E30, Haltestelle Hartplatz | Öffnungszeiten immer zugänglich | Tipp Leckeren Wein gibt es auch abseits des Baumblütenfestes in der Straußenwirtschaft Weintiene des Weinbauern Dr. Lindicke am Wachtelberg.

110 Der XXL-Kleiderschrank

Das passende Outfit für jede (Film)Lebenslage

Es ist ein Eldorado für Kostümbildner: Auf fünf Etagen präsentiert der Kostümfundus der Filmstudios Babelsberg seine mehr als eine Million Kostümteile und zahlreichen Accessoires vom Mittelalter bis zur Neuzeit. Mit 4.700 Quadratmetern Fläche steht hier der wohl größte Kleiderschrank der Stadt. Wann der Kostümfundus entstand, ist nicht genau belegt. Wahrscheinlich war es mit Beginn der Arbeit in den Studios Babelsberg. »Ab 1900 sind wir sehr gut aufgestellt«, sagt Leiterin Gabriele Leuter. Viele Teile sind Originale. Derzeit sind bei Filmschaffenden die 1930er und 1940er Jahre sehr beliebt.

In den langen Gängen reihen sich Gehröcke und Zylinderhüte, Kleider und allein 50 Boxen mit Handschuhen, sortiert nach Farben und Stilen. Die Kleidung ist nach Jahrzehnten geordnet: Da sind schicke Dior-Pumps aus den 1960ern, breite Krawatten aus den 1970ern, noch schickere Herrenpyjamas aus den 1980ern, Trainingsanzüge, Arbeitsbekleidung und Uniformen … es gibt nichts, was es nicht gibt. Vermietet wird von einem Outfit bis zur Ausstattung für Hunderte Statisten. Bei Militäruniformen muss alles stimmen, besonders bei Farbton und Effekten. Das sind die Abzeichen auf der Kleidung. In Babelsberg gibt es dafür unter den zehn Mitarbeitenden eigens einen Uniformexperten. Ach, erwähnte ich schon die Tausende Paar Schuhe in allen Formen, Farben und Größen? Ein Paradies.

Manchmal ist ein Kostüm nicht mehr zu retten. Der Stoff ist einfach marode. Dann recyclen fleißige Hände in der hauseigenen Werkstatt Knöpfe, Reißverschlüsse und Stoffteile und verwenden sie für andere Kleidungsstücke. Außerdem nähen sie Sonderanfertigungen, die nicht im Bestand oder von Darstellergrößen gewünscht sind. Neuproduktionen wandern anschließend oft in den Fundus. Dieser wächst sowieso stetig. »Die Zeit bleibt ja nicht stehen«, so die Hüterin der Kostümschätze lachend. Es kommen neue Jahrzehnte hinzu.

Adresse Joseph-von-Sternberg-Straße 1, 14482 Potsdam, www.kostuem-babelsberg.de | ÖPNV Bus 696, Haltestelle Medienstadt Babelsberg | Öffnungszeiten Mo–Do 8–16.45 Uhr, Fr 8–15.30 Uhr, Verleih nur nach vorheriger Terminvereinbarung, Besichtigung derzeit nicht möglich | Tipp Wer als Privatperson ein stilvolles Outfit einer bestimmten Epoche mieten möchte, kann im XXL-Kleiderschrank fündig werden. Unbedingt vorher anrufen.

111 Die Zunftzeichen

Apfel, Kasperle und Ochs

Hereinspaziert rufen die drei den Passanten zu, um sie in die Geschäfte zu locken. Der Ochse steht vor der Fleischerei, das Kasperle zeigt frech auf das Spielzeuggeschäft und der Apfel signalisiert: Hier gibt es Obst. Die drei wegweisenden Schilder stehen entlang der Karl-Liebknecht-Straße in Babelsberg. Sie sind kunstvoll ausgearbeitet und fallen auf ihren drei Meter hohen Stahlgestellen sofort ins Auge. Entworfen wurden sie von den Künstlern Rainer und Ingeborg Fürstenberg sowie Helmut Bierwagen Ende der 1980er Jahre. Die imposanten Werke erinnern an die jahrhundertealte Tradition der Zunftzeichen.

Ursprünglich waren die kunstvollen Schilder ein Hinweis auf den jeweiligen Beruf oder die Dienstleistung. Als sogenannte Nasenschilder waren sie an der Hauswand verankert und ragten rechtwinklig von der Fassade in die Gasse – wie die Nase aus dem Gesicht. So lockten sie Kundschaft an. Es ist eine bis in das Mittelalter reichende Gepflogenheit der Apotheker, Bäcker und Buchbinder, der Fischer und Knopfmacher, der Schmiede und Schlosser. Später kamen auch Elektriker und das Kfz-Gewerbe hinzu.

Der Stierkopf ist das Symbol der Schlachterinnung. Auf die zwei gekreuzten Beile wurde in Babelsberg verzichtet. Dennoch: Der gehörnte Ochsenkopf aus rosa, blauen und violetten Glaselementen guckt ganz schön grimmig herab. Die beiden Metallskulpturen, das kecke Kasperle mit rotem Gewand und Zipfelmütze und der dreidimensionale knackige Riesen-Apfel, der sich aus einem Glasmosaik wölbt, sind Erfindungen der Moderne. Lange war die Fleischerei das einzige noch ansässige Geschäft. Das änderte sich 2018. Seitdem gibt es auf der beliebten Magistrale im entsprechenden Haus wieder ein Spielzeuggeschäft. Kein Wunder, in den letzten Jahren zogen immer mehr Familien in die Gegend, deshalb wird sie von einigen als das Prenzlauer Berg von Potsdam bezeichnet. Fehlt nur noch das Obst.

Adresse Karl-Liebknecht-Straße, 14482 Potsdam | ÖPNV S7, Haltestelle Babelsberg, Tram 94, 99, Bus 601, 690, 693, 694, Haltestelle Rathaus Babelsberg | Tipp Durch Babelsberg schlendern und auf ein Käffchen im Café Lukas einkehren. Kolumbianische Frucht-Shakes und Empanadas gibt es auch.

1
Uetz
85
51
Fahrland
67
Marquardt
Fahrländer See
Schlänitzsee
A10
Töplitz
Leest
Grube
Nattwerder
Bornim
49
Kolonie Zern
100
Großer Zernsee
83
Golm
Eiche
78
Kuhfort
44
Wildpark West
21
Potsdam West
63
102
Werder (Havel)
6
109
69
Havel
Glindow
Geltow
Templin
Glindower See
31
Templiner See
Petzow
17

2
Groß Glienicke
Kladow
Krampnitz
Neu Fahrland
Lehnitzsee
Nedlitz
Sacrower See
Sacrow
Havel
Pfaueninsel
5
Bornstedter Feld
Wannsee
59
89
101
20
Nauener Vorstadt
30
Berliner Vorstadt
Klein Glienicke
Bornstedt
34
15
90
8
3
4
Jägervorstadt
46
28
62
16
POTSDAM
36
Auf dem Kiewitt
107
71
Babelsberg Nord
103
99
22
106
111
Hermannswerder
93
86
Babelsberg Süd
65
54
32
52
110
Teltower Vorstadt
29
Templiner Vorstadt
A115
40
38
33
Schlaatz
70
Stern
11
77
60
87
Waldstadt
Drewitz
25
Kirchsteigfeld
N
0
650 m

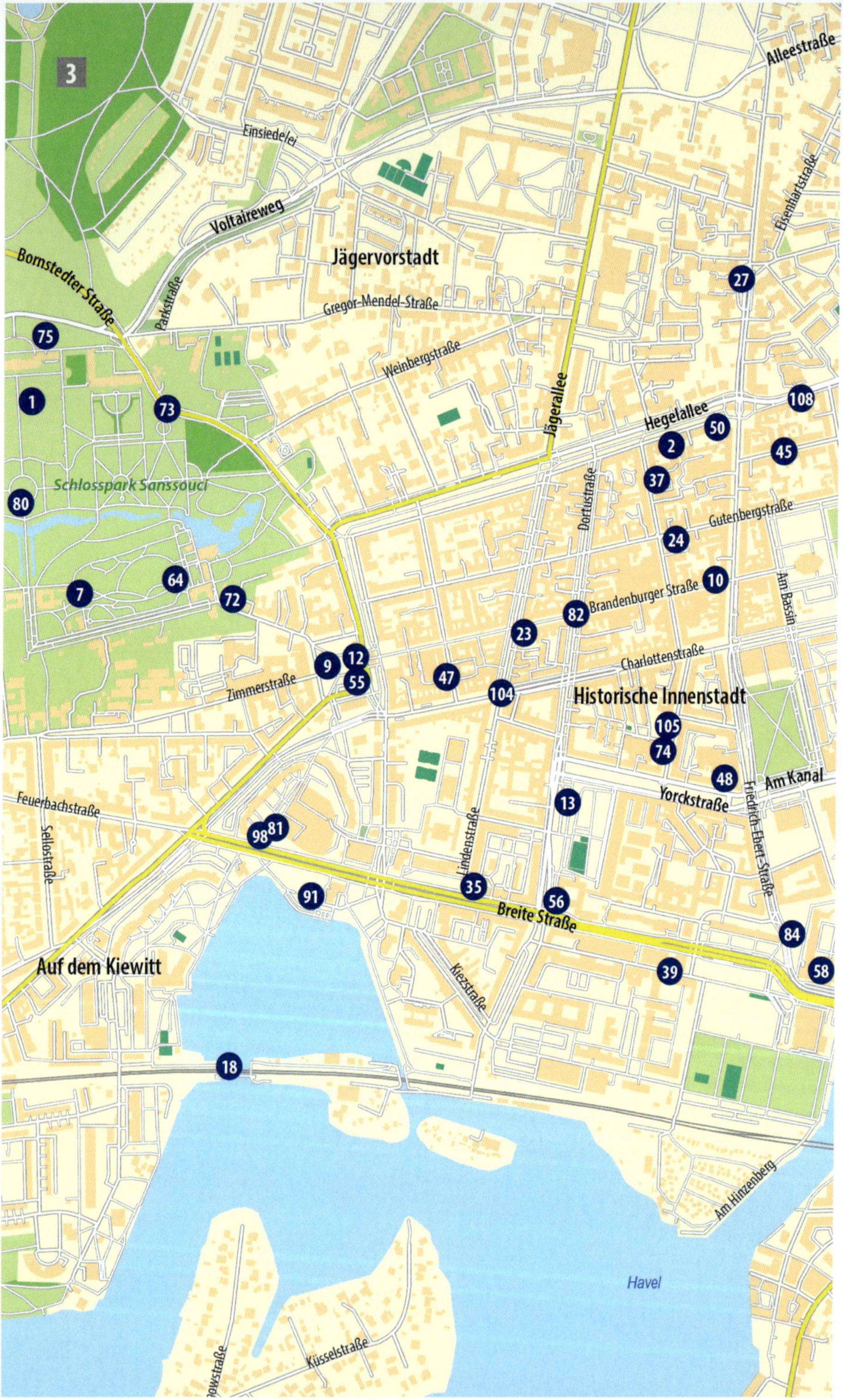
3
Einsiedelei
Alleestraße
Voltaireweg
Jägervorstadt
Bornstedter Straße
Parkstraße
Gregor-Mendel-Straße
Weinbergstraße
Eisenhartstraße
Jägerallee
Hegelallee
Schlosspark Sanssouci
Dortustraße
Gutenbergstraße
Brandenburger Straße
Am Bassin
Charlottenstraße
Zimmerstraße
Historische Innenstadt
Am Kanal
Yorckstraße
Feuerbachstraße
Friedrich-Ebert-Straße
Sellostraße
Lindenstraße
Breite Straße
Auf dem Kiewitt
Kiezstraße
Am Hinzenberg
Havel
Küsselstraße
1
2
7
9
10
12
13
18
23
24
27
35
37
39
45
47
48
50
55
56
58
64
72
73
74
75
80
81
82
84
91
98
104
105
108

4
Heiliger See
Berliner Straße
Mangerstraße
Helmholtzstraße
Behlertstraße
Hebbelstraße
Kurfürstenstraße
Leiblstraße
Mittelstraße
Tiefer See
Park Babelsberg
Park Babelsberg
Türkstraße
POTSDAM
Havelstraße
Burgstraße
Havel
Zentrum Ost
Freundschaftsinsel
Humboldtring
Hans-Marchwitza-Ring
Nuthe-Park
Wiesenstraße
Lotte-Pulewka-Straße
Südliche Innenstadt
Babelsberger Straße
Friedrich-List-Straße
Jutekiez
Friedrich-Engels-Straße
N
0
100 m
3
26
43
95
14
88
4
92
42
76
94
41
53
61
96
79
68
57
19
97
66

Paul Stänner
111 Orte in Brandenburg, die man gesehen haben muss
ISBN 978-3-7408-1714-5

Paul Stänner
111 Orte in Brandenburg, die uns Geschichte erzählen
ISBN 978-3-7408-2178-4

Janine Eck, Kristina Offermann
111 Orte für Kinder in Potsdam und Brandenburg, die man gesehen haben muss
ISBN 978-3-7408-2227-9

Lucia Jay von Seldeneck
111 Orte in Berlin, die man gesehen haben muss
ISBN 978-3-7408-2367-2

Bettina Gräf, Julia Tieke
111 Orte in Berlin, die vom Islam erzählen
ISBN 978-3-7408-1516-5

Steven Meyer, Christopher Ferner
111 queere Orte in Berlin, die man gesehen haben muss
ISBN 978-3-7408-1980-4

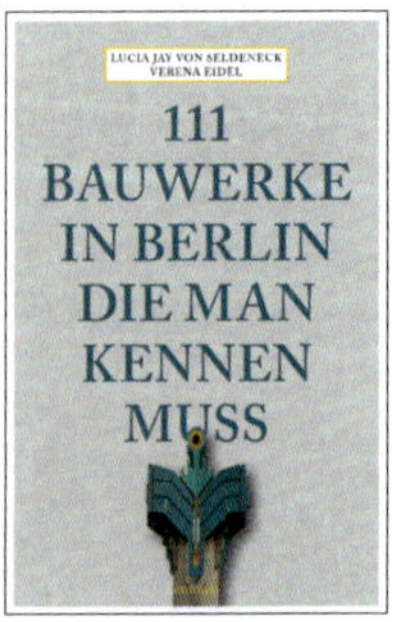

Lucia Jay von Seldeneck
111 Bauwerke in Berlin, die man kennen muss
ISBN 978-3-7408-0995-9

Paul Kohl
111 Orte in Berlin auf den Spuren der Nazi-Zeit
ISBN 978-3-7408-1872-2

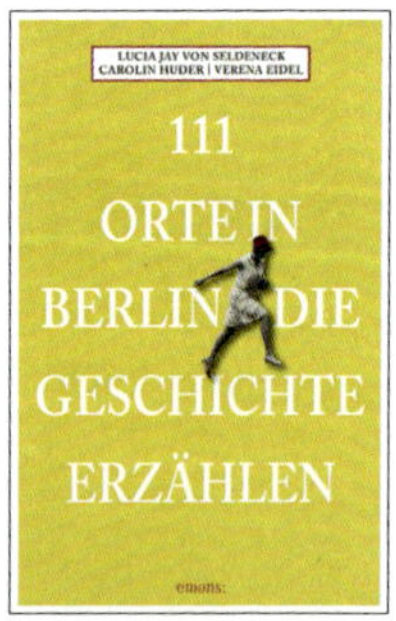

Lucia Jay von Seldeneck, Carolin Huder
111 Orte in Berlin die Geschichte erzählen
ISBN 978-3-7408-2371-9

Jana Jürß
111 Orte an der Mecklenburgischen Seenplatte, die man gesehen haben muss
ISBN 978-3-7408-2031-2

Maren Kaschner, Anselm Neft
111 Orte auf Rügen, die man gesehen haben muss
ISBN 978-3-7408-2131-9

Thomas Fuchs
111 Orte auf Usedom, die man gesehen haben muss
ISBN 978-3-7408-1713-8

Michael Moll
111 norddeutsche Campingplätze, die man kennen muss
ISBN 978-3-7408-1266-9

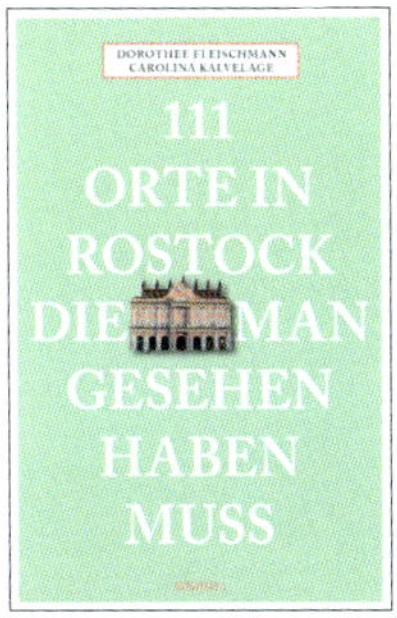

Dorothee Fleischmann, Carolina Kalvelage
111 Orte in Rostock, die man gesehen haben muss
ISBN 978-3-7408-1076-4

Alexandra Schlennstedt, Jobst Schlennstedt
111 Orte an der Ostseeküste Mecklenburg-Vorpommerns, die man gesehen haben muss
ISBN 978-3-7408-0742-9

Jela Henning
111 Orte in und um Schwerin, die man gesehen haben muss
ISBN 978-3-7408-0635-4

Kirsten Elsner-Schichor
111 Orte im Harz, die man gesehen haben muss
ISBN 978-3-7408-2018-3

René Förder
111 Orte in Sachsen-Anhalt, die man gesehen haben muss
ISBN 978-3-7408-1471-7

Danksagung

Ich möchte mich von ganzem Herzen bei allen Menschen bedanken, die mich bei der Arbeit an diesem Buch unterstützt haben, motivierten (*Du schaffst dit!*) und auf meiner zweiten Reise zu 111 Orten begleiteten. Es war einfach toll.

Ein besonderer Dank gilt denen, die mit mir ihre Geschichten teilten, die mir Türen aufsperrten und mich hinter die Kulissen schauen ließen, die mich tiefkühlten und meine Fragen beantworteten, inspirierten und allen, die mich mit tollen Tipps versorgten oder mit Kaffee. Ihr seid dufte. Danke André und Claudi, Kerstin, Stef, Ola, Ole, Jonna, Nils und Jens.